교사용

개별화 교육을 위한 몬테소리 교수-학습 지도안

동 물

(6~9세 · 9~12세)

권 명 자 편저

도서출판 **몬테소리**

인 사 말 씀

본 동물지도서는 우리나라 초등학교 자연과의 일부인 동물영역과 관련을 두고 몬테소리 교육내용과 방법을 토대로 한 교사용 지도서이다. 지도서의 제작배경은 우리나라 전역에서 체계적으로 몬테소리 교육방법을 이수하여 학교현장에 일반화하기란 많은 시간과 경제적인 어려움이 따를 것을 감지하여 학습현장에서 누구나 쉽게 접목하여 바람직한 개별화 교육에 활용할 수 있도록 하였다.

몬테소리 교육과정에서는 모든 교과 지도는 큰 부분에서 점차 작은 부분으로 접근하며 학습수준이나 진도는 아동개인의 능력별 지도로 이루어진다.

몬테소리 교육에서의 교과는 언어(모국어와 외국어 포함), 수학, 동물, 식물, 지리, 역사, 과학, 일상생활 등으로 우리나라와 비슷하다. 그러나 우리나라의 국어를 몬테소리교육에서는 언어로 칭한다. 그것은 민감기의 언어발달을 중시하여 국어를 언어(모국어, 외국어)라 하고 모국어와 외국어를 동시에 지도한다. 또 우리나라의 '사회'를 몬테소리 교육에서는 '지리', '역사' 로 분류하고 대게 분기별 주제를 중심으로 지도한다

지도내용을 보면 분기별로 실행 가능한 몇 가지의 주제를 선택하여 통합학습이 이루어진다. 즉 6~9세 동물영역에서는 1. 생물과 무생물 2. 식물과 동물의 분류 3. 척추동물과 무척추동물의 분류와 특징 4. 동물의 다양한 정보와 지식 5. 척추동물의 외부기관과 내부기관 6. 무척추동물의 특징과 그에 대한 탐색 등이다.

또, 9~12세에서는 1. 생물의 역사 2. 우주법칙 3. 생물의 존귀성 4. 세포와 분열 5. 생물의 왕국 6. 동물분류체계 7. 동물의 분류 8. 척추동물의 특성 9. 무척추동물의 주요 기능 10. 무척추동물의 문 11. 식물의 분류 12. 위대한 인체의 강 13. 사랑의 균형 14. 인체의 부분 등에 대한 내용을 다루게 된다. 필수적인 교구는 별책의 기본교구제작 자료집(동물편)을 활용하면 수월할 것이다.

몬테소리교육의 장점은 여러 가지를 들 수가 있는데 몇 가지를 제시하면 다음과 같다.

첫째, 교육을 뒷받침할 수 있는 돈독한 철학적 배경과 교육과정 운영방법의 특이함을 발견할 수 있다. 즉 아동의 특성과 적성을 존중하며 아동의 신체적 욕구, 정서적 욕구, 사회적 욕구, 영적 욕구 등 여러 가지 욕구충족의 배려를 위해서는 **아동을 잘 알아야 한다(follow the child)**는 점이다.

둘째, 교육과정 구성은 3-6세, 6-9세, 9-12세로 묶여 있다. 6세, 9세가 중복되는 것은 아동 개인별 학습 발달 속도에 따른 나선형의 관계를 가지고 있음을 말한다. 따라서 반복 학습에 대한 배려는 큰 장점이다. 이것은 학년단위의 호칭인 우리나라와는 다른 점이다.

셋째, 몬테소리교육에서는 **준비된 교사와 준비된 환경**을 강조하고 있다.
준비된 교사란 풍부한 지식의 소유, 창의성, 봉사성, 인류애를 지닌 풍부한 바른 인성을 갖춘 교사를 의미한다.

준비된 환경이라 함은 아동의 구체적 조작기에 제공되어야 할 학습일감(work)인 구체적인 교구(material)를 뜻한다. 따라서 교실은 교구화 되어있다. 교실의 교구는 필수 교구를 선정함이 바람직하다. 기본필수교구란 주제 해결에 직결되는 기본교구를 말한다.

넷째, 지도방법을 볼 때 저학년은 선택에 의한 구체적 조작활동이 주로 이루어지며 고학년으로 갈수록 자기 주도적 학습으로 추상화 작업이나 응용 등의 심화연구의 학습활동(research)이 이루어진다.

그런데 여기서 몇 가지 유의할 점은 우리나라 교육과정과 몬테소리 교육과정의 일치에 대한 논란보다는 국가 교육목표 도달에 목표를 두고 교사협의를 통한 일년의 주제선정과 통합교육과정의 운영에 대한 연구가 필요하다. 또 한가지는 아동이 공부하는 방법을 배우는 점이다. 즉 자료를 찾는 방법이나 변형, 확대, 응용의 발전적인 학습 진행의 방법이 이루어진다

본 자료의 제작기간은 수년간이 소요되었으나 워낙 방대한 양으로 인하여 미흡한 부분이 없지 않으므로 지속적인 연구로 수정과 보완을 첨가하여 활용하시기 바란다.

끝으로 본 지도서가 교육과정운영과 개별화 교육을 위한 교수학습지도에 조금이라도 도움이 되시기를 기원하며 이 책이 완성되기까지 많은 관심을 가지고 도와 주신 미국 XAVER대학 A.M.S 교수 팀과 초등몬테소리교육연구회(ASEME), 한국몬테소리협회(KIM)에 깊은 감사를 드린다.

지 은 이
http://www.montessori-k.co.kr

일 러 두 기

본 동물 지도서의 활용에 대한 이해를 돕기 위하여 몇 가지 일러두기를 제시한다.
몬테소리 교육에서는 3-6세, 6-9세, 9-12세의 혼합학급을 편성하여 지도하고 있다 각 교과별 주제를 중심으로 통합 운영된다. 몬테소리교육의 각 교과나 내용은 각 국가의 특별한 지향점 외에는 세계 어느 나라의 어린이에게나 공통적으로 지도해야 할 내용들임을 볼 때 몬테소리 교육과정은 세계 공통적인 교육과정이라고도 볼 수가 있다.

각 주제별 학습지도안의 내용은 1.주제 2.대상연령 3.교구 4.목적(직접목적과 간접목적) 5.선행학습 6.언어 7. 교구제시 8.활동과정 9.흥미 점 10.실수 정정 11.변형 확대 및 응용 12.지도상의 유의점 13.관찰 (평가) 등을 제시하였다. 한가지 유의할 점은 학습주제에 따른 양에 따라 지도시간에 신축성을 두고 어린이 개인별 학습준비도, 학습속도 그리고 흥미에 따라 주제를 재구성함이 바람직하다

1. 주제
학습주제는 학습활동의 내용을 쉽게 알아볼 수 있도록 간단한 용어로 함축하여 제시하였고 교구 이름으로 제시하기도 하였다 학습 주제는 대게 국가 교육과정의 운영목적 달성을 위한 년 간 주제를 교사 협의를 통하여 선정한다 그러나 시행 중에 오류 발생이 예상될 경우에는 다시 협의를 거쳐 시정하는 예는 있으나 이것은 극히 드문 예이다.

2. 대상
학습활동은 아동발달 단계를 고려하여 6-9세, 9-12로 구분하여 그 내용을 제시하였다. 여기서 6-9세는 초등 1, 2, 3학년을, 9-12세는 초등 4, 5, 6학년 수준의 과정으로 제시하였다.

3. 교구
교구장은 대게 유치원은 4단, 초등학교는 5단을 사용한다.
교구는 학습활동의 문제해결에 필수적인 교구들이다 본 교구 외에도 변형, 추가 또는 대치 성이 있거나 첨가의 필요성에 따라 제작, 또는 구입하여 활용함이 바람직하다.

4. 목적
몬테소리 지도안의 특징은 학습목표 제시에서 직접적인 목적과 간접목적이 있다 직접목적은 주로 그 시간에 달성해야 할 목표를 의미하며 간접목적은 직접목적 외에 그 주제학습을 통하여 달성해야 할 포괄적이고 발전적인 미래 지향적인 목표를 의미한다.

5. 선행학습
선행학습은 직접선행학습과 간접선행학습으로 나누어 볼 수가 있다. 직접선행학습은 본 시간의 문제해결을 위한 전시간의 학습이며 간접선행학습은 본시의 학습주제와 직접관련이 없다 하더라도 개인별로 수행된 종합적인 기초학습능력이다. 선행학습의 중요성은 만약 선행학습이 부진할 경우 다음 학습수행에 어려움이 따르는데 있다.

6. 언어
 흔히 언어지도를 국어에 국한하기 쉬우나 몬테소리교육의 언어지도는 국어 과에 국한한 언어지도를 탈피하고 모든 교과의 용어와 관련된 언어를 통합적으로 지도한다. 몬테소리는 언어지도에서 '총체적 언어' 라는 용어를 쓴다. 몬테소리의 언어지도는 그 지도 방법이 매우 다양하며 흥미로운 방법으로 전개된다.

7. 교구제시
. 교구장은 대게 유치원은 4단 초등학교는 5단을 사용하며 교실을 교구화 할 필요가 있다. 교사는 교재 연구를 폭넓게 하되 정확한 정보를 확실히 준비하고 교사의 교구제시는 분명해야 한다. 본 고에서는 지면상 간략히 제시하였다.

8. 활동과정
 본 난에는 수업진행의 대강의 과정을 제시하였다. 활동과정에서 유의할 점은 아동 스스로의 학습과 교구선택의 기회를 존중하여 자기 주도적인 학습활동이 이루어지도록 배려해 주어야 한다. 이 때 교사와 아동, 아동과 아동, 아동과 교구의 상호작용이 원활히 이루어지도록 노력한다.

9. 흥미 점
 학습활동에서 아동들이 조작과정에서 매력적인 점. 교구의 신비함 색상에서 맛보는 기쁨, 다양한 교구의 모양, 느낌이나 흥미로운 점들을 선행연구에서 요약하여 제시하였다. 이외에도 아동들은 학습전개나 활동에 따라서 여러 가지 다양한 흥미 점을 발견할 것이다.

10. 실수 정정
 실수 정정은 자료활용이나 학습방법이나 활동의 미숙함으로 발생된 오류를 정정해 주기 위한 상황, 정정할 시기, 방법들을 종합적으로 제시하였다. 실수 정정은 교사의 면밀한 아동관찰에 따라 아동스스로 또는 교사의 도움으로 이루어진다.

11. 변형 확대 및 응용
 아동의 학습활동이 제시된 활동으로만 끝나는 것이 아니고 더욱 발전적인 추가 심화활동을 제시하였다. 즉 아동의 능력에 따라 더욱 발전적인 변형, 확대, 응용, 정보, 수집 등 창의적인 활동으로 무엇인가를 창출할 수 있도록 한다.

12. 지도상의 유의점
 학습목표도달을 위하여 학습활동에서 발생되기 쉬운 시행착오를 줄이기 위하여 실험과정에서 나타났던 내용들을 제시하였다. 즉 학습 계획에서 평가까지 예상될 수 있는 여러 가지 문제점이나 보완사항을 제시하였다.

13. 관찰 (평가)
 평가는 대개 직접목적과 밀접한 관련을 가지고 있으나 아동스스로 또는 교사의 관찰에 의한 누기기록과 다양한 평가방법을 적용한다. 본 관찰 난에는 수업목표와 관련된 평가내용을 제시하였다.

차 례

6~9세 ··· 7~69

9~12세 ·· 73~120

개별화 교육을 위한
몬테소리 교수-학습 지도안

동 물
(6~9세)

도서출판 몬테소리

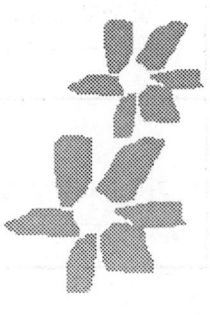

동물영역의 교구장의 설치(예)

<교구장 1>

우주교육자료	생물/무생물(모형)	척추/무척추	Who am I ?
동물이 사는 곳	육식·초식·잡식	리서치 카드	동물그림카드
무척추동물	Five King dom 분류카드	생물분류 챠트	동물 정보카드
어류 카드	어류분류 명칭카드	물고기관련책	개구리한살이
개구리 외부기관 설명	양서류 외부기관	개구리 한살이 카드	올챙이 꿈 책
거북이 외부설명	파충류 외부기관	거북이 퍼즐	공룡 카드

<교구장 2>

붕어모형		개구리 해부 모형	
세부분 설명카드	조류 외부기관	조류외부 명칭카드	새에 관한 책자
말 외부 설명 카드	말 외부 부분명칭 카드	코끼리 내부 부분명칭	동물에 관한 책자
거북이 내외부 설명카드	포유류 피부덮개	조류 내외부설명카드	동물은 왜? 책자

<교구장 3>

인체모형	그림카드	화분어항	그림카드
스폰지 해면동물 카드	강장동물 카드	편형동물 카드	선형동물 카드
환형동물 카드	절지동물 카드	**연체동물 카드**	극피동물 카드
무척추동물 카드	인체골격 챠트	개미의 생활 생김새	거미퍼즐 명칭카드
개미퍼즐명칭카드	곤충들의 한살이	잠자리 부분 투명카드	동물들의 곡격투명카드
식물의 조직, 책			

동 물

차 례

1. 개요
활동(1) 우주의 상호 작용 ··· 12
활동(2) 동물 돌보기 ·· 14
활동(3) 동물이 사는 곳 ··· 16

2. 생물 무생물
활동(4) 생물과 무생물 ··· 18
활동(5) 생물의 출현(Time Line) ·· 20
활동(6) 생물의 5왕국 ·· 22

3. 식물 동물
활동(7) 식물과 동물 ·· 24
활동(8) 동물의 분류 ·· 26

4. 척추 무척추
활동(9) 척추동물(척삭동물) ·· 28
활동(10) 무척추동물 ·· 30

5. 동물에 대한 지식들
활동(11) 동물의 지식들 ·· 32
활동(12) 동물의 연구(Research) ··· 34

6. 동물의 외부기관
활동(13) 척추동물의 외부기관(어류) ··· 36
활동(14) 척추동물의 외부기관(양서류) ·· 38
활동(15) 척추동물의 외부기관(파충류) ·· 40

활동(16) 척추동물의 외부기관(조류) ·· 42
활동(17) 척추동물의 외부기관(포유류) ·· 44

7. 동물의 내부기관
활동(18) 척추동물의 내부기관(어류) ·· 46
활동(19) 척추동물의 내부기관(양서류) ·· 48
활동(20) 척추동물의 내부기관(파충류) ·· 50
활동(21) 척추동물의 내부기관(조류) ·· 52
활동(22) 척추동물의 내부기관(포유류) ·· 54

8. 무척추 동물의 기관
활동(23) 무척추 동물(해면동물) ·· 56
활동(24) 무척추 동물(강장동물) ·· 58
활동(25) 무척추 동물(편형동물) ·· 60
활동(26) 무척추 동물(선형동물) ·· 62
활동(27) 무척추 동물(환형동물) ·· 64
활동(28) 무척추 동물(연체동물) ·· 66
활동(29) 무척추 동물(절지동물) ·· 68
활동(30) 무척추 동물(극피동물) ·· 70

1. 개 요

활동(1)

주 제	우주의 상호 의존		대상연령	6~12세
교 구	상호의존을 나타내는 그림, 흰 종이(16절지), 색연필, 모빌세트, 태양, 땅, 물, 식물, 동물, 인간			
목 적	직 접	• 우주가 서로 연결되어 있음에 관심을 가진다. • 인간과 우주의 관계를 이해한다.		
	간 접	• 대우주의 상호의존에 대한 견문을 확장시킨다. • 관찰력과 사고력을 기른다.		
선행학습	생명을 지배하는 법칙			
언 어	우주, 태양, 산, 물, 동물, 식물, 사람, 상호의존			
교 구 제 시				

활동과정 (상호작용)	• 제시1)
	 - 어린이를 초대하고 그림 그리기 계획제시. (산, 해, 들, 강)
	 - 땅, 해, 들, 강, 사람을 그려서 사람이 자연의 가운데 위치하도록 그린다.
	 - 오늘 할 작업은 너희들이 아주 좋아하는 거야. 태양이 왜 좋은지 말해보겠니? (열과 빛)
	  태양은 독립적이기 때문에 땅이 없어도 여전히 빛과 열을 내고 있음을 알아본다.
	 - 언덕과 산을 그리고 그 위에 해를 그려보자.
	 - 땅과 해는 서로를 어떻게 필요로 하고 있는가를 알아 본다.
	 - 물은 어떻게 모여질까요?(높은 곳 →낮은 곳)
	 - 태양이 없으면 나무는 자랄 수가 없어요.
	 - 나무는 물, 흙, 태양에 의존하고 있어요.
	 - 물과 산의 필요관계를 질문하고 혜택에 대해 이야기한다.
	 - 산에는 동물, 물에는 물고기를 그려본다.
	 - 식물은 무엇을 필요로 할까요? (산, 물, 태양)
	 - 사람에게 동물과 식물등 자연과의 관계와 어떻게 쓰이는지 알아본다.
	
	 • 제시2)
	 T : 우주의 상호의존 관계를 알아볼까?
	  (태양을 보여주며) 이것이 무엇을 가리키는지 기억나니?
	 S : 태양
	 T : 태양은 우주의 모든 곳에 보내주는 것이 있지요?
	  태양에서 나오는 열과 빛이 없다면 이 지구상에 그 무엇도 존재할 수 없다.
	 T : 이것은 무엇이지? S : 땅과 물
	 T : 땅과 물은 역시 서로 의존한다. 이것은뭘까? (동식물그림을 보여주면서)
	 S : 동물, 식물
	 T : 이들은 물, 땅 태양에 의존하고 있다. 식물도 동물에게 의존하고 있는데, 그들은 무엇을 얻고 있지요?
	 S : 이산화탄소, 배설물, 죽은 동물의 부패
	 T : 동물은 식물을 먹음으로써 무한정인 번식을 막는 일 외에 무엇을 얻고 있지요?
	 S : 산소와 먹이
	 T : 식물은 토양의 침식등을 막아주기도 한다. 또 이것은 무엇을 나타내지요?
	 S : 사람
	 T : 사람들은 무엇에 의존하고 있나요?
	 S : 모든 것에 의존하고 있다.
	 T : 사람들은 다른 것에 비해 강하기도 하지만 약한 존재이기도 한다.
	  (어느한 가지라고 없으면 심한 타격을 받기 때문에)	

흥 미 점	• 태양, 산, 물, 동물·식물, 인간의 상호 관계를 그림으로 표현하는 것. • 사람은 지능의 소유자로 강한 존재지만 반대로 자연에 복종(순종)해야 하는 이중적 존재라는 점.	
실수정정	산 자체가 태양이나 물을 필요로 하는 것이 아니고 산에 분포하는 동물이나 식물이 물을 필요로 한다.	
변형 확대 및 응용	• 모빌을 만들어 장식해 본다. ① 태양을 제시→② 땅을 제시→③ 물→④ 동식물→ ⑤ 인간 제시 순으로 모빌을 만들어 본다. • 자연사 박물관자료 이야기:한림대학 자연사 박물관	**지도상의 유의점** 우주의 상호작용을 인식할 수 있도록 그림이나 사진 삽화를 풍부하게 준비한다. **관 찰 (아 동 평 가)** 해, 땅, 물, 동물, 식물, 인간간의 상호작용을 인지하고 있는가?

활동(2)

주 제	동물 돌보기	대상연령	4세~
교 구	물고기, 어항 꾸미기 세트, 강아지나 닭, 새들의 먹이, 토끼와 풀, 빈 사과 상자		
목 적	직 접	• 동물을 사랑하는 마음을 갖는다. • 동물 기르는 방법을 알고 잘 살 수 있는 환경에 대한 정보를 얻고 꾸밀 수 있다.	
	간 접	• 동물에 대한 관심을 갖도록 한다. • 책임감을 갖고 먹이를 주고 움직임을 관찰하여 기록 할 수 있다.	
선행학습	우주와 자연의 상호 작용		
언 어	어류의 부분 명칭, 환경, 공간, 먹이 등		
교 구 제 시	• 학습계획 세우기		

활동과정 (상호작용)	• 제시1) 　- 어린이를 초대하고 그림 그리기 계획제시. (산, 해, 들, 강) 　- 땅, 해, 들, 강, 사람을 그려서 사람이 자연의 가운데 위치하도록 그린다. 　- 오늘 할 작업은 너희들이 아주 좋아하는 거야. 태양이 왜 좋은지 말해보겠니? (열과 빛) 　　태양은 독립적이기 때문에 땅이 없어도 여전히 빛과 열을 내고 있음을 알아본다. 　- 언덕과 산을 그리고 그 위에 해를 그려보자. 　- 땅과 해는 서로를 어떻게 필요로 하고 있는가를 알아 본다. 　- 물은 어떻게 모여질까요?(높은 곳→낮은 곳) 　- 태양이 없으면 나무는 자랄 수가 없어요. 　- 나무는 물, 흙, 태양에 의존하고 있어요. 　- 물과 산의 필요관계를 질문하고 혜택에 대해 이야기한다. 　- 산에는 동물, 물에는 물고기를 그려본다. 　- 식물은 무엇을 필요로 할까요? (산, 물, 태양) 　- 사람에게 동물과 식물등 자연과의 관계와 어떻게 쓰이는지 알아본다. • 제시2) T : 우주의 상호의존 관계를 알아볼까? 　　(태양을 보여주며) 이것이 무엇을 가리키는지 기억나니? S : 태양 T : 태양은 우주의 모든 곳에 보내주는 것이 있지요? 　　태양에서 나오는 열과 빛이 없다면 이 지구상에 그 무엇도 존재할 수 없다. T : 이것은 무엇이지?　S : 땅과 물 T : 땅과 물은 역시 서로 의존한다. 이것은뭘까? (동식물그림을 보여주면서) S : 동물, 식물 T : 이들은 물, 땅 태양에 의존하고 있다. 식물도 동물에게 의존하고 있는데, 그들은 무엇을 얻고 있지요? S : 이산화탄소, 배설물, 죽은 동물의 부패 T : 동물은 식물을 먹음으로써 무한정인 번식을 막는 일 외에 무엇을 얻고 있지요? S : 산소와 먹이 T : 식물은 토양의 침식등을 막아주기도 한다. 또 이것은 무엇을 나타내지요? S : 사람 T : 사람들은 무엇에 의존하고 있나요? S : 모든 것에 의존하고 있다. T : 사람들은 다른 것에 비해 강하기도 하지만 약한 존재이기도 한다. 　　(어느한 가지라고 없으면 심한 타격을 받기 때문에)
흥미점	• 태양, 산, 물, 동물·식물, 인간의 상호 관계를 그림으로 표현하는 것. • 사람은 지능의 소유자로 강한 존재지만 반대로 자연에 복종(순종)해야 하는 이중적 존재라는 점.
실수정정	산 자체가 태양이나 물을 필요로 하는 것이 아니고 산에 분포하는 동물이나 식물이 물을 필요로 한다.

변형 확대 및 응용	• 모빌을 만들어 장식해 본다. ① 태양을 제시→② 땅을 제시→③ 물→④ 동식물→ ⑤ 인간 제시 순으로 모빌을 만들어 본다. • 자연사 박물관자료 이야기:한림대학 자연사 박물관	지도상의 유의점
		우주의 상호작용을 인식할 수 있도록 그림이나 사진 삽화를 풍부하게 준비한다.
		관 찰 (아 동 평 가)
		해, 땅, 물, 동물, 식물, 인간간의 상호작용을 인지하고 있는가?

활동(2)

주 제	동물 돌보기	대상연령	4세~
교 구	물고기, 어항 꾸미기 세트, 강아지나 닭, 새들의 먹이, 토끼와 풀, 빈 사과 상자		
목 적	직 접	• 동물을 사랑하는 마음을 갖는다. • 동물 기르는 방법을 알고 잘 살 수 있는 환경에 대한 정보를 얻고 꾸밀 수 있다.	
	간 접	• 동물에 대한 관심을 갖도록 한다. • 책임감을 갖고 먹이를 주고 움직임을 관찰하여 기록 할 수 있다.	
선행학습	우주와 자연의 상호 작용		
언 어	어류의 부분 명칭, 환경, 공간, 먹이 등		
교 구 제 시	• 학습계획 세우기		

활동과정 (상호작용)	제시1) 여러가지 동물을 제시한다.(그림카드도 무방하다) • 학습계획 세우기 • 동물에 대한 다양한 이야기를 나눈다. • 동물을 길러본 이야기 하기 　가축용이나 애완용 그리고 야생이 있어요. 　교실에 있는 동물들의 생활이야기하기 　붕어, 병아리, 자라, 거북이, 배추벌레, 올챙이알 등 • 각 동물들의 먹이, 쾌적한 환경 조건과 환경의 배려 제시2) 동물들의 환경들을 제시한다. • 나름대로 동물을 선정하고 돌보기에 대한 계획을 연구한다. • 잠자리, 집과 위치, 먹이그릇통, 운동, 번식시기, 채광, 번식돌보기 　- 동물의 먹이의 종류와 먹이 횟수 및 양 　- 동물의 번식과 아플 때 　- 동물을 옮길 때의 방법에 대한 충분한 정보조사 및 정보나누기
흥미점	• 살아있는 동물들을 직접 살펴본다. • 동물의 필요성을 알고 성장함에 따른 경이로움을 경험한다.
실수정정	• 어류를 기를 때 수돗물을 바로 이용하는 방법. • 여러가지 동물들이 사는 환경이 각기 다름을 모를 때.

		지도상의 유의점
변형 확대 및 응　용	• 읽기 　- 토끼나 강아지, 닭, 물고기등의 새끼들을 어떻게 사육할 것인지 의논한다. • 여러가지 동물의 번식에 대하여 알아보고 동물의 타임라인을 만들어본다.	• 도서 영역에 1주일전쯤 동물에 관한 도서를 비치한다. • 학교 운동장 구석에 사과 상자 같은 것으로 닭, 토끼, 강아지를 길러 본다.
		관 찰 (아 동 평 가)
		• 동물의 필요성을 이해하고 동물을 사랑할 수 있는가?

활동(3)

주 제	동물이 사는 곳		대상연령	6세~
교 구	여러 대륙의 명칭카드, 사진, 세계지도, 지구본, 동물들의 분포도			
목 적	직 접	• 동물이 사는 지역, 먹이, 기후, 환경등의 다양한 정보를 얻을 수 있다.		
	간 접	• 지역별로 서식하는 동물이 다름을 이해한다. • 어휘력을 증진 시킨다.		
선행학습	동물 돌보기			
언 어	아시아, 유럽, 아프리카, 북아메리카, 남아메리카, 오세아니아			
교 구 제 시				

활동과정 (상호작용)	제시1) 대륙별 제시 (7대륙) • 지구본이나 세계지도를 살펴 보면서 지구의 큰 땅덩어리인 7개의 대륙을 살펴본다. 　①유럽 ②북아메리카 ③남아케리카 ④아시아 ⑤오세아니아 ⑥아프리카 ⑦ 남극 • 대륙의 명칭카드 나열하기. 제시2) 각 대륙별 동물 제시 (그림카드) • 각 대륙에는 특별한 동물이 살고 있어요. 왜냐하면 동물들은 모두 기후, 동물 적응 상태, 먹이 등이 각기 다르기 때문입니다. • 동물사진을 제시하고 자세히 보기 • 이것들은 아시아에서 사는 동물입니다. • 이것들은 유럽에서 사는 동물입니다. • 이것은 어디에서 사는 동물일까요? • 동물의 이름을 각각 읽고 놓아 본다. (아동의 개별 활동) • 동물의 이름과 동물그림을 짝지어 본다. (개별활동) • 각 대륙별로 그림을 짝짓기를 해보자. (고학년에게 도움을 청해보렴)
흥미점	여러 대륙과 특정 지역에서 살고 있는 동물의 다양함을 알아보는 것.
실수정정	아시아 지역 외의 동물이 우리나라 동물원에서도 살 수 있는 것과 살 수 없는 조건이 각기 다른 까닭을 이해하지 못할때

변형 확대 및 응용	7대륙에 관련하여 정보를 수집하여 그림을 오리거나 그려서 짝짓기 책자를 만든다.	**지도상의 유의점** 여러대륙을 한꺼번에 학습하는 것 보다는 어린이의 능력에 따라 대륙을 선택하도록 한다. **관 찰 (아 동 평 가)** 동물들은 그 특성에 따라 서식하는 곳이 서로 각기 다름을 이해하는가?

동 물

2. 생물·무생물

활동(4)

주 제	생물과 무생물의 분류	대상연령	3세~
교 구	교실 안의 생물, 무생물 구체물 이나 사진, 관련된 VTR		
목 적	직 접	• 생물과 무생물에 관심을 높이고 분류할 수 있다. • 생물과 무생물의 특성을 이해한다.	
	간 접	• 분류하기의 기초작업이 된다. • 기초 과학의 토대를 마련한다.	
선행학습	교실 안의 여러 가지 물체		
언 어	생물. 무생물		
교 구 제 시			

활동과정
(상호작용)
	제시1)
	• 오늘은 생물과 무생물에 대해서 알아봅시다.
	• 교실에 있는 생물과 무생물을 찾아보겠니?
	• 생물의 특징은 무엇일까요? "움직여요, 자라요, 먹어요, 숨을 쉽니다."
	• 교실의 어항이나 식물들 살펴보기
	• 이것은 무엇이지요? 물고기요. 물고기의 특징을 살펴보고 말해 봅시다.
	• 꽃, 화분을 살펴봅시다. 이것은 무엇이라고 하나요?
	  - 식물이요. 식물은 움직일까요? 숨을 쉽니까? 먹을 수 있을까요?
	  - 숨을 쉽니다. 먹이를 먹고 자랍니다.
	• 무생물에는 어떤 것이 있나요? 책, 돌멩이, 못, TV
	• 책은 움직입니까? 무생물은 먹고 계속 자랄 수 있습니까?
	• 무생물을 가져와 보겠니? 자료를 가져다 놓는다.(실물 분류)
	
	제시 2)
	• 생물과 무생물의 모형이나 그림을 함께 놓고 다시 분류해 본다.
	  (모형이나 그림, 사진)
	• 교구 정리.

흥 미 점	구체물을 자세히 관찰하고 움직임을 살펴 본다.
실수정정	• 로봇이 움직이기 때문에 생명이라고 주장할 때

변형 확대 및 응 용	• 지구에는 생물과 무생물이 있음을 생활 속에서 백과 사전에서 찾아보게 한다. • 가장 작은 동물의 생명체를 찾아본다. (잇몸 박테리아균 등)	**지도상의 유의점** • 우주의 생물 무생물의 소중함을 이해하고 특히 생명체의 귀중함을 인식시킨다.
		관 찰 (아 동 평 가) • 교실안의 물체를 생물과 무생물로 나누고 그 특성과 기준을 바르게 설명하는가?

활동(5)

주 제	생물의 출현(Time Line)	대상연령	6세~
교 구	시계(time line), 도표(chart)		
목 적	직 접	시간에 따른 생명의 출현을 이해 한다.	
	간 접	• 시간 개념을 익히고 어휘력을 증진한다. • 생물의 진화를 이해한다.	
선행학습	생물의 5왕국		
언 어	단세포 생물, 삼엽충, 시조새, 적응, 고생대, 중생대, 신생대		
교구 제시			

활동과정
(상호작용)
	생명의 타임라인
	• 지구상의 생물 출현의 타임라인을 보면서 지구의 생명체에 대해서 설명해 준다.
	• 지구는 고생대 중생대 신생대로 이어져 있어요.
	• 지구의 바다는 처음엔 매우 걸쭉했으며 미네랄이 매우 많았단다.
	
	제시 1) 고생대의 특징에 관련한 교구 제시
	   – 무척추시대에는 삼엽충왕국(AMBRIAN), 해면동물, 쌍각 조개, 갑각류, 극피동물이 살았다.
	   – 어류시대(DEVORIAN)에는 산호초, 바다가재, 갑주어가 사라지고 습지식물이 발생했다.
	   – 양서류시대(CARBON IFEROUS)에는 거대한 바퀴벌레, 흰개미, 모기가 생겼으며 양치류의 목(木)질의 조직과 뿌리가 발달했다.
	
	제시 2) 중생대의 특징에 관련한 교구 제시
	   – 파충류시대(DERMIAN)에는 침엽수, 양서류, 오징어, 달팽이류, 산호충, 익룡, 곤충, 포유류 등이 번식했다.
	
	제시 3) 신생대의 특징에 관련한 교구 제시
	   – 포유류의 세대로서 조류, 개구리, 고래, 어류, 고래, 곰 화석과 코끼리가 출현하였고 100만년 전에는 인간이 출현하였다.

흥 미 점	지구상의 생물 출현의 타임라인
실수정정	처음부터 여러 종류의 생물들이 나누어져 나타난 것으로 알고 있을 때. (생물이 진화하면서 여러 가지의 종으로 갈라진 것이다.)

변형 확대
및
응 용
	• 고생대 – 무척추 시대
	           어 류 시대
	           양서류 시대
	• 중생대 – 파충류 시대
	• 신생대 – 포유류 시대에 관한 소책자 만들기.
	
	• 만든 카드로 놀이 하기
		지도상의 유의점
		
		지구생성의 대강을 연대표를 통하여 이해시킨다.
		
		관 찰 (아 동 평 가)
		
		시간 경과에 따른 생명의 출현에 대하여 관심을 가지는가?

활동(6)

주 제	생물의 5 왕국 (동물은 지구상의 유일한 존재는 아니다)		대상연령	6세~
교 구	생물의 5왕국 차트, 그림백과사전(생물)			
목 적	직 접	• 생물의 5왕국(원핵생물, 원생생물, 균류, 동물군, 식물군)을 이해한다. • 생물에 대한 여러 정보를 습득할 수 있다.		
	간 접	• 생물의 5왕국의 분류능력을 기른다. • 다양한 정보 및 어휘력을 습득한다.		
선행학습	동물에 관한 여러 가지 지식			
언 어	원핵 생물, 원생 생물, 균류, 동물, 식물			
교 구 제 시				

활동과정 (상호작용)	제시: 1) 생물을 크게 다섯으로 나누어 생명의 5왕국이라 한다. ① 원핵생물: 약35억만년전의 유기체이며 진핵생물 - 단세포의 유기체이며(곰팡이 등) 박테리아 계의 무핵이다. - 광합성을 능력이 없고 다른 생물에 기생한다. ② 원생생물 : 지구의 최초 생물이며 핵이 존재하여 분열법으로 번식하고 대부분 물에서 사는 작은 원생생물로서 원시적 식물또는 동식물의 조상형이다 ③ 균류: 다핵체로서 엽록소가 있거나 없어도 스스로 영양분을 만들 수 없다 ④ 동물:다세포로 이루어져 있고 각각의 세포에 진핵이 있다(불가사리)신 근육이 있으며 다른 생명체가 만든 영양분을 받아들인다. ⑤ 식물: 진핵을 가진 다세포의 조직체로서 대개 많은 엽록소를 가지고 스스로 영양분을 가진다. 제시2) 생물의 5왕국 형성하기 • 생물의 5왕국에 따른 그림카드를 분류하여 늘어놓기 • 생물의 5왕국의 정의카드 읽어보기 • 5개군을 빈 챠트에 늘어 놓아보기. (Blank Chart에 각 생물의 그림과 이름을 놓아본다.)
흥 미 점	생물의 5왕국 분류와 새로운 지식 습득 및 어휘 학습.
실수정정	생물의 5왕국의 명칭을 틀리게 명명했을 때.

변형 확대 및 응용	5왕국을 다시 5개의 빈 표로 만들어 그림과 명칭, 설명 카드로 짝짓기 활동.	**지도상의 유의점** • 인터넷조사 학습시간을 충분히 준다. • 생물의 5왕국의 학습계획은 시간을 충분히 확보 한다.
		관 찰 (아 동 평 가)
		생물은 원핵생물, 원생생물, 균류, 동물, 식물로 나눠짐을 이해하는가?

활동(7)

주 제	식물과 동물		대상연령	4세~
교 구	동·식물 카드, 매트, 동물과 식물 도서			
목 적	직 접	• 동물과 식물을 분류할 수 있다. • 동물과 식물의 공통점과 다른점, 특성을 알고 설명할 수 있다.		
	간 접	• 분류 개념을 인식시킨다. • 기초 과학의 토대를 마련하고 어휘력을 증진시킨다.		
선행학습	생물과 무생물의 분류			
언 어	생물, 동물, 식물			
교 구 제 시				

활동과정 (상호작용)	• 제시1) 식물과 동물의 차이점 제시 • 생물은 두 가지로 나눌 수 있는데 그것은 식물과 동물이다.(분류제시) • 식물과 동물의 같은 점을 말해본다. (먹고 자라고 숨을 쉽니다.) • 식물과 동물의 다른 점을 찾아본다. – 동물은 전체적으로 움직이고 어느 정도 자라면 성장이 멈춘다. – 식물은 부분적으로 움직이며 계속 성장한다. • 제시2) 식물과 동물카드 • 매트에 카드를 늘어놓고 동물 식물의 이름을 읽어보게 한 뒤 동·식물별로 분류한다. • 먼저 그림 카드를 보고 동물일까? 식물일까? 하면서 알아 맞추기를 한다. • 그림카드의 어휘를 분명히 지도한 후 매트에 놓는다. • 개인 활동 ("자 이번엔 네 차례야! 네가 해 보렴"라고 권유한다.)
흥 미 점	동물끼리 식물끼리 분류가 잘 되었을 때.
실수정정	그림 카드나 사진의 그 자체는 무생물이기 때문에 분류에 혼선이 올 때. (사과는 생물인가? 무생물인가?)

변형 확대 및 응 용	• 동식물에 관련된 그림이나 잡지를 가져와 오려 붙이고 전시한다. • 동물과 식물의 명칭을 써 본다.	**지도상의 유의점** • 여러 가지 생물을 제시하며 동물과 식물로 분류한다. • 분류기준을 명확하게 제시한다.
		관 찰 (아 동 평 가) 제시된 생물을 식물과 동물로 나누고 식물과 동물의 공통점과 차이점을 찾아낼 수 있는가?

4. 척추 · 무척추
활동 (8)

주 제	동물의 분류		대상연령	6세~
교 구	척추 동물과 무척추 동물의 사진 카드(여러 장), 매트 인체모형, 동물 척추 모형, 동물에 대한 도서			
목 적	직 접	• 척추 동물과 무척추 동물을 구분할 수 있다. • 척추 동물과 무척추 동물의 다른 점을 알고 설명할 수 있다.		
	간 접	분류하기에서 분류기준을 명확히 할 수 있다.		
선행학습	식물과 동물			
언 어	척추 동물, 무척추 동물, 등뼈			
교구제시	〈 무척추 동물 〉 〈 척 추 동 물 〉			

활동과정 (상호작용)	제시 1〉 척추동물과 무척추동물의 제시 • 동물은 척추동물과 무척추 동물의 2가지로 나눈다. • 척추동물 - 우리 서로 등에 손을 얹어 등뼈를 만져봐요. 　척추동물은 지구상 동물중 5% 뿐이란다. 　- 목부터 꼬리뼈까지 뼈가 연결되어 몸이 꼿꼿이 설 수 있어요. 　- 이것을 척추동물이라고 해요. 　- 척추동물에는 어떤 것이 있을까요? 　　고양이, 사자, 호랑이, 늑대, 오랑우탄 • 무척추동물 　- 등뼈가 없으면 어떻게 될까요? (흐느적 거릴거예요) 　- 등뼈가 없는 동물을 무척추동물이라고 해요. 제시 2〉 척추동물과 무척추동물의 분류 작업을 보여준다. 　- 사진들을 무순위로 늘어놓고 해당하는 곳에 놓아보게 한다.(분류) 　- 교실에서는 직접 동물을 (해부되어 속이 보이는 다 먹은 생선 뼈) 보여준다.
흥 미 점	우리들의 등뼈를 직접 만져 본다.
실수정정	갑 오징어를 본 어린이가 등뼈로 착각하는 경우

변형 확대 및 응 용	• 충분한 시간을 주고 인터넷에서 학습하게 한다. • 척추동물 : 어류, 조류, 양서류, 파충류, 포유류 세부분 카드 만들기 • 3부분 카드 만들기	**지도상의 유의점** • 아메바는 원생생물이며 척추동물도 무척추동물도 아니다.(현미경 관찰) • 척추를 지도할 때 인체모형도를 보여주고 척추의 중요성을 강조한다.
		관 찰 (아 동 평 가) 제시된 동물을 척추동물과 무척추동물로 정확히 분류할 수 있는가?

활동(9)

주 제	척 추 동 물	대상연령	6세~9세
교 구	동물의 왕국 챠트, 카드 관련도서		
목 적	직 접	척추동물의 종류를 이해하고 바르게 분류할 수 있다.	
	간 접	척추동물에 대한 지식을 높인다.	
선행학습	동물에 대한 여러 가지 지식(어류, 양서류, 파충류, 조류, 포유류)		
언 어	계, 문, 강, 목(과, 속, 종) ① 계 (생물의 5왕국, 원핵, 원생, 균류, 동물, 식물) ② 문 (해면, 강장, 극피, 편형, 선형, 환형, 절지, 연체)		
교 구 제 시			

활동과정
(상호작용)
	• 과학자들은 동물왕국이 굉장히 방대해서 동물을 계, 문, 강, 목(과속종)으로 나누었다.
	• 척추동물을 ① 어류 ② 양서류 ③ 조류 ④ 파충류 ⑤ 포유류로 분류하였다.
	• 그림카드를 보여 주며 다음을 이야기한다.
	  - 어 류 : 지구최초의 등뼈 동물이며 몸은 비늘로 쌓임. 2개의 심방이 있고 아가미를 이용하여 호흡한다. 많은 뼈를 가짐(숭어, 연어, 잉어 등)
	  - 양서류 : 육지 최초의 척추동물로 깨끗한 물, 습지에서 산다.(두꺼비, 개구리) 피부가 얇고 촉촉하며 내부 뼈대와 등뼈엔 꼬리 기둥뼈가 있다. 번식은 젤리로 덮인 알을 낳는다.
	    아가미로 숨을 쉬며 자라면 피부로 숨쉬며 4심방을 가짐.
	  - 파충류 : 육지에서 최초의 일생을 보낸 척추동물이며 복잡한 골격을 가졌다. 육지서 알을 낳는다.
	    냉혈동물이며 피부는 건조한 비늘이나 딱딱한 갑으로 덮였다. (도마뱀, 거북이)
	  - 조 류 : 최초의 온혈동물이며 부리는 있으나 이는 없다.
	    알로 번식하며 1년 1회 털갈이를 한다.
	    4심방의 온혈 동물이며 가슴뼈(뼈 속은 비어 있음)가 있다. : 꾀꼬리, 타조, 황새
	  - 포유류 : 가장 발달된 척추동물로서 피부에 털이 나 있다. (사자, 코끼리, 호랑이)
	    번식은 새끼로 어미 몸 안에서 자란다.
	    4심방을 가졌으며 허파로 숨을 쉬고 온혈 동물이다.
	    뼈대로 몸의 균형을 유지한다.
	• 여러 가지 정의카드, 명칭카드, 그림카드로 분류하고 늘어놓기.

흥 미 점	새로운 어휘 학습(계, 문, 강, 목(과, 속, 종))
실수정정	• 고래는 포유류가 아니라고 생각할 때. • 악어는 (물 속과 물가에서 살지만 양서류가 아니라)파충류가 아니라고 생각할 때.

변형 확대 및 응 용	• 개구리나 두꺼비는 피부로도 호흡을 하기 때문에 피부가 건조해 지면 죽게 됨을 알아본다. • 강에 속한 많은 종류의 동물 그림과 명칭카드를 제작하여 활용한다.	지도상의 유의점
		• 그림 카드를 충분히 준비한다. • 양서류와 파충류의 구분을 정확히 제시한다.
		관 찰 (아 동 평 가)
		주어진 동물카드를 어류, 양서류, 파충류, 조류, 포유류로 분류 할 수 있는가?

활동(10)

주 제	무척추 동물	대상연령	6세~9세

교 구	무척추 동물 카드, 명칭카드, 정의 카드

목 적	직 접	무척추 동물이라고 명명한 까닭을 안다.
	간 접	무척추 동물의 사는 모습에 관심을 가진다.

선행학습	무척추 동물의 특징과 분류

언 어	무척추 동물, 무척추 동물 이름 (해면, 강장, 편형, 선형, 환형, 연체, 절지, 극피 동물) 등

교 구 제 시	

활동과정 (상호작용)	제시1) 무척추 동물의 특징 알기. • 무척추 동물은 척추가 없는 동물임을 상기시킨다. • 지구에는 척추가 없는 동물이 매우 많아요 • 무척추 동물 문류(그림카드를 가지고 교사가 설명해 주기) • 그림 속의 나비는 척추가 있을까요? 이러한 것들은 무척추 동물입니다. 제시2) 해당된 그림 매칭해 보기 • 동물의 문 - 해면동물문 – 단세포의 하등 동물이며 물에 산다. 갯솜 동물이라고도 하며 후생동물로 진화하는 과정 중에 옆길로 발달한 동물(측생동물) - 강장동물문 – 물에 살며 소화(강장)기능이 있다. 다세포 동물로 구조가 간단하며 중추신경과 배설기가 없고 소화계 순환계가 분리 됨 - 극피동물문 – 중심이 된 원이며 팡이 5개 가지를 가짐(불가사리) - 편형동물문 – 몸이 납작하고 약간 길며 앞머리 뒤꼬리 배면의 중앙에 입이 있다. 신경계와 소화계가 있다. - 선형동물문 –습한 곳에 살며 둥근 입체 모양이다.(회충) 1만 여종이 있다 - 환형동물문 – 체질의 마디가 고리로 연결된다. (지렁이) - 절지동물문 – 거칠은 외골격을 가졌고 4강 (곤충류, 거미류, 감각류, 다지류를 소유한다. - 연체동물문 – 강한 근육으로 움직이며 부드러운 몸을 가진다. 절지동물의 다음으로 많은 종을 가졌다. 현재 약 11만 2000종이며 화석종은 3만 5천 종으로 그 문에는 뽈조개,달팽이,조개, 오징어, 굴. 문어 등이다
흥 미 점	무척추 동물의 생김새들
실수정정	계, 문, 강, 목(과, 속, 종)의 분류가 서툴 때

변형 확대 및 응 용	개별능력에 따라 동물을 선택해서 학습을 하게 한다.(3부분 카드)	**지도상의 유의점**
		무척추 동물의 종류가 여러 가지임을 안다.
		관 찰 (아 동 평 가)
		무척추 동물의 그림 카드를 8가지로 충분히 이해하고 있는가?

5. 동물에 대한 지식들
활동(11)

주 제	동물에 대한 지식들 (동물에 대한 첫 번째 지식)	대상연령	6세부터~
교 구	동물에 대한 '나는 누구일까요?' (Who Am I ? Card) 지구본, 동물분포도		
목 적	직 접	척추, 무척추 동물에 대한 지식을 상기하고 분류의 기준과 근거를 명확히 설명할 수 있다.	
	간 접	정확히 분류하는 능력과 어휘력을 증진시킨다.	
선행학습	척추 동물과 무척추 동물의 분류		
언 어	나는 누구일까요?		
교 구 제 시			

활동과정 (상호작용)	제시 1) 그림과 명칭 짝짓기 • 아동에게 그림과 명칭 짝짓기 놀이를 한다. • 그림을 나열하고 일반적인 특징을 설명한다. • 교사는 "나는 척추와 무척추 동물의 그림을 가지고 있어." 라고 말한다. (3단계지도) "이것은 해파리야. 이것은 오리야. 사자야. 물개야". 라고 설명해 준 후, 자, 오리를 보여 줄 수 있겠니? 사자를 보여줄래? 물개를 보여줘 보겠니? 하고 아동이 명칭과 사물을 이해하였나 확인한다. 제시 2) • 이것은 무엇이지요?(Who Am I ?) 게임을 해 볼까요? • 이것은 척추가 없고 사람들이 날 데리고 다녀요. (나는 누구일까요?) • 네가 정의 카드를 자세히 보고 찾을 수 있겠니? 이 동물은 매우 여러 특징이 있단다. • 각 동물의 명칭과 정의 내용을 스스로 공책에 써본다. 제시 3) • 동물에 대한 정의 설명카드를 만들고 그림카드와 명칭카드로 짝짓기 활동을 한다.	
흥미점	스스로 정의 카드를 만들어 보는 것.	
실수정정	파리, 모기, 개미와 같이 아주 작은 동물을 자칫 척추동물로 오인할 때.	
변형 확대 및 응용	• 각 어린이가 자기만의 Who Am I ? 카드 만들기 • 그림을 그려서 책자를 만든다. • 고학년 아이가 정의를 읽어주면 저학년 아이들은 그림을 그리고 정의를 써 본다.	**지도상의 유의점** 바른 자세는 바른 척추가 됨을 인식시키고 일상생활에 바른 자세를 갖도록 한다. **관찰 (아동평가)** 제시된 동물을 분류기준에 따라 분류하고, 그 기준의 근거를 설명할 수 있는가?

활동(12)

주 제	동물 연구(research) 한가지 동물에 대한 여러가지 종류의 질문 여러 가지 동물에 대한 한 가지 질문		대상연령	6세~
교 구	동물 정의 카드, 세계지도, 지구본, 동물분포도			
목 적	직 접	• 동물에 대한 다양한 정보를 얻을 수 있다. • 동물의 번식 방법 인간에게 주는 도움을 설명할 수 있다.		
	간 접	조사 학습 시 필요한 정보를 추출할 수 있다.		
선행학습	동물이 사는 곳과 그 동물들의 특징			
언 어	① 움직임 ② 사는 곳 ③ 기후 지역 ④ 먹이 ⑤ 번식 ⑥ 새끼 ⑦ 유용성			
교 구 제 시				

활동과정
(상호작용)
	제시 1) 한가지 동물에 대한 여러가지 질문
	• 오늘은 아프리카에 사는 동물 중 하나를 골라 보자.
	• 어느 지역에 사는가? 초원, 사막, 바닷가, 숲 속 그 외
	• 이 동물의 먹이는? 육식, 초식, 그 외
	• 어떻게 움직이는가? 날아서, 걸어서, 기어서 그 외
	• 인간에게 유용한가? 번식은? 새끼 관리는?
	  답과 질문을 이어서 만들고 써 본다.
	• 뽑은 문장들을 읽어보고 또 다른 정보를 써 본다.
	  호랑이는 걷고 달리며 숲 속에서 산다. 호랑이는 온대 지방에서 살며 육식 동물이다.
	  호랑이는 새끼를 낳고 잘 돌본다.
	
	제시 2) 여러 가지 동물에 대한 한 가지 질문
	  – 5인 1조로 질문과 답하기
	  – 어느 지역에서 사는 동물입니까?
	  – 대륙 이름과 동물들 늘어놓기
	  – 얼룩말은 어디에 사는 동물입니까?
	  – 조개는 어디에서 살까요?

흥 미 점	동물에 대한 다양한 정보를 습득하는 것.
실수정정	동물들의 다양한 특성을 이해하지 못할 때.

변형 확대 및 응 용	• 자기가 좋아하는 동물을 그리고 다양한 질문카드를 많이 만들고 친구와 바꿔서도 사용한다. • 여러 가지 동물 사진을 가지고 7가지 질문 형태에 따라 분류 해 보기(사는 곳, 움직임, 먹이, 번식, 피부, 유용성, 새끼돌보기)	**지도상의 유의점** 언어에 제시된 7가지 용어를 능력별로 익히게 한다. **관 찰 (아 동 평 가)** 동물의 움직임과 사는 곳의 기후, 먹이, 번식방법, 인간에게 주는 이로움을 이해하고 있는가?

6. 동물의 외부기관
활동(13)

주 제	척추동물의 외부기관 (어 류)	대상연령	6세이상~
교 구	물고기 실물, 어류의 외부기관(3부분 카드) 관련도서(어류)		
목 적	직 접	어류의 외부 기관의 명칭과 기능을 안다. (머리, 아가미, 옆선, 지느러미)	
	간 접	• 어류의 종류와 생김새에 대한 정보를 다양하게 습득한다. • 어휘력을 증진시킨다.	
선행학습	동물의 분류		
언 어	어류, 눈, 머리, 아가미, 옆선, 비늘, 지느러미, 외부기관, 내부기관		
교 구 제 시			

활동과정 (상호작용)	제시 1) 물고기의 외부 모양 제시 • 교사가 물고기를 실제로 보여준다. 물고기의 생김새를 이야기한다. (크기, 길이, 모양, 머리, 아가미, 옆선, 지느러미, 비늘) • 물고기를 물감으로 칠한 후 종이에 탁본을 떠서 제시한다. • 물고기는 이 지구에 처음으로 나타난 첫 번째 척추동물임을 이야기한다. • 물고기의 피부 덮개는 비늘이다. (수가 물고기의 나이이다.) • 아가미는 어디로 숨을 쉴까요? 물고기는 폐가 없기 때문에 아가미로 숨을 쉬지요.(물 속의 산소를 흡수하고 물은 아가미로 나온다.) • 지느러미는 어떤 역할을 할까요?(먹이를 찾거나 위험이 올 때 재 빨리 움직일 수 있고 운동을 하지요.) • 옆선은 어떤 일을 할까요? (균형을 잡는 역할을 하지요.) 제시 2) 물고기 부분 카드 제시 • 명칭카드를 가지고 읽어 본 후 제 그림에 짝지어 본다. • 생김새, 아가미, 지느러미, 옆선에 대한 정의 카드를 써 본다.
흥 미 점	어류에 대한 각 기관의 명칭을 익히고 하는 일 흉내내 보기.
실수정정	어류 명칭을 잘못 이해했을 때.

변형 확대 및 응용	• 단순한 물고기를 그리고 외부기관에 색칠을 하고 명칭을 써 본다. • 물고기의 부분에 발표한다. • 어류에 대한 사실들을 알 수 있는 책들을 읽어 주거나 읽는다.	**지도상의 유의점** • 물고기가 헤엄을 칠 수 있게 생긴 특징을 인식시킨다. • 어류에 대한 도서 비치. **관 찰 (아 동 평 가)** 어류의 외부기관의 명칭을 인지하고 있는가?

활동(14)

주 제	척추동물의 외부기관 (양서류)	대상연령	6세~
교 구	양서류의 외부기관에 대한 3부분 카드, 실물, 생명의 역사(time line), 명칭카드		
목 적	직접	• 개구리의 부분 명칭을 알고 한 살이 과정을 이해한다. • 양서류의 외부기관을 익힌다.	
	간접	• 한살이의 의미를 익히고 어휘력을 증진시킨다.	
선행학습	어류의 외부기관		
언 어	어항, 개구리, 올챙이, 머리, 앞다리, 뒷다리, 물갈퀴		
교 구 제 시			

활동과정 (상호작용)	제시 1) 양서류의 특징 • 양서류인 개구리를 실제로 관찰하고 다른 양서류의 종류를 찾아본다. • 생명의 타임라인을 보여준다. • 척추 동물이 가져야 할 것은 무엇입니까? • 양서류는 일생의 반을 물 속에서 살고 반을 땅 위에서 살고 물 속에서는 아가미로 호흡함에 대해서 연구한다. • 개구리는 물 속에서 알을 낳습니다. 어릴 때는 올챙이라고 하는데 아가미로 숨을 쉽니다. 몸의 변화가 생기고 폐로 호흡한다. 제시 2) 양서류의 3부분 카드 • 양서류의 부분 설명카드를 보여 주면서 이것은 무엇입니까? – 양서류의 대표인 개구리의 머리에는 귀, 입, 눈이 있어요. • 콧구멍, 입, 앞다리, 뒷다리, 물갈퀴를 설명한다. – 하루 종일 잘 뛰기 위해서는 뒷다리가 발달되어 있어요. • 3단계 학습 방법 제시 후 아동이 선택하여 개별활동을 하다.
흥 미 점	올챙이가 변해서 개구리가 되는 점.
실수정정	어류는 콧구멍으로 숨을 쉰다고 생각 할 때.

		지도상의 유의점
변형 확대 및 응 용	• 개구리 노래 부르며 춤추기. • 개구리 외의 양서류를 선택하여 세 부분 카드로 만들어 본다. • 아이 스스로 자료를 가지고 작업하기. • 책 만들기, 퍼즐 맞추기.	올챙이 먹이는 달걀노른자, 멸치가루 등이 있는데 너무 많이 주면 죽게됨을 일러준다.(올챙이는 배부른 것을 감지하지 못한다.)
		관 찰 (아 동 평 가)
		개구리의 머리, 앞다리, 뒷다리, 물갈퀴 등 몸의 부분 명칭을 바르게 아는가?

활동(15)

주 제	척추동물의 외부기관 (파충류)		대상연령	6세~
교 구	파충류 실물준비 파충류의 외부 기관의 3부분 카드, 실물, Time Line of Life 챠트, 관련도서(파충류)			
목 적	직 접	파충류의 특징과 외부기관을 익힌다.		
	간 접	파충류와 양서류를 분별할 수 있다.		
선행학습	양서류의 외부기관			
언 어	거북이, 등 껍질, 배 껍질, 다리, 꼬리, 알			
교구 제시				

활동과정 (상호작용)	제시 1) • 파충류를 직접 살펴본다.(실물이 없으면 파충류의 퍼즐로 한다.) 　뱀, 악어, 거북이 등의 생김새(색깔, 모양 길이) 숨쉬기 움직이는 활동 등 • 파충류의 발달(time line)을 다시 본 뒤 파충류의 특징을 이야기한다. 　파충류의 역사, 파충류의 번식에 대하여 조사 발표한다. • 여러 가지 파충류의 특징을 요약하여 글로 써서 발표한다. 　50자로 써 보기, 10줄로 써보기, 20줄로 써보기 • 파충류의 특징을 이야기 해 본다. 　- 껍질이 단단해요. 피부가 거칠어요. 폐로 숨을 쉬고 알을 낳아요. 　- 알은 단단합니다. 다리가 없는 것도 있습니다. 제시 2) • 세 부분 카드를 보여주고 이것이 무엇이지? (3단계 학습 활동) • 세 부분 카드 매칭하기 • 파충류에 대해서 네가 아는 바를 친구들에게 이야기 해 보자.
흥미점	파충류의 외부 모습의 느낌(모양이 주는 느낌, 등껍질 만져보기)
실수정정	파충류를 구분해 내지 못할 때

변형 확대 및 응용	• 어린이가 스스로 자료를 선택하여 작업을 한다. • 그림, 명칭, 정의를 짝짓고 내용을 써 본다. • 파충류들의 대화, 연극을 꾸민다.	**지도상의 유의점**
		외부기관과 내부기관의 용어를 분명히 익히도록 한다.
		관찰 (아동평가)
		뱀, 악어, 거북이의 특징과 공통점을 설명할 수 있는가?

동물

활동 (16)

주 제	척추동물의 외부기관 (조 류)		대상연령	6세~9세
교 구	조류 외부 기관의 3부분카드, 실물, 생물의 역사(Time Line), 새장, 병아리 등 조류에 대한 도서			
목 적	직 접	조류의 외부 기관을 익히고 명칭을 안다.		
	간 접	조류의 삶을 이해하고 보호하는 마음을 갖는다. 어휘력을 증진시킨다.		
선행학습	조류의 외부기관			
언 어	조류, 깃털, 눈, 부리, 날개, 꼬리			
교구제시				

활동과정
(상호작용)
	제시1) 실물제시
	• 새장의 새를 자세히 관찰한다(새, 병아리, 닭 등)
	• 새의 모습, 울음소리를 들어보고 흉내내고 노래 부르기
	• Time Line의 역사를 보면서 파충류에서 어떻게 조류로 변화되었는가를 이야기한다.
	• 조류의 특징을 이야기한다.
	   − 날아다닐 수 있다. 날개가 있다. 알을 낳을 수 있다. 껍질이 얇다.
	     머리는 많이 움직일 수 있다.
	   − 양 옆에 눈이 있다. 콧구멍은 부리 위에 있다.
	   − 부리는 있으나 이빨이 없다.
	   − 가슴, 날개, 날개의 뒷부분, 다리, 꼬리가 있다.
	   − 뼈 속이 비어 있어 가볍고 날기에 좋다.
	
	제시2) 3부분 카드로 하기
	• 조류의 외부기관 알아보기
	• 새에 대해 알게 된 점을 이야기 해 보고 기록해본다.
	• 새를 부분 별로 오리고 색칠하여 벽에 게시해 본다.	

흥미점	병아리가 닭이 되는 일, 깃털의 아름다움(공작, 수탉)	
실수정정	새는 날개를 퍼덕이는 힘으로 날기도 하나 주로 기류를 이용해서 멀리 난다. 조류 중에서 날수 있는 것과 날수 없는 종류가 있음을 모를 때.	
변형 확대 및 응 용	• 각자 세 부분 카드를 만들어 제시하는 활동을 한다. • 조류에 대한 책 만들기. • 종이를 접어서 여러 가지 새의 이름과 특징 쓰기.	**지도상의 유의점** 알이 깨어지는 과정을 간단히 들려준다. **관 찰 (아 동 평 가)** 조류의 겉모습을 그림으로 나타낼 수 있는가?

동 물 43

활동 (17)

주 제	척추동물의 외부기관 (포유류)	대상연령	6세~
교 구	포유류 외부기관의 3부분 카드, 포유류의 실물(강아지), 생명의 타임라인 말의 벽(wall chart), 챠트 관련도서(포유류)		
목 적	직 접	• 포유류(원숭이, 고양이, 개, 돼지)등의 특징을 알 수 있다. • 포유류의 외부기관의 명칭을 익힌다.	
	간 접	포유류의 삶을 이해하고 함부로 사냥하지 말고 보호하는 마음을 갖는다.	
선행학습	조류의 외부기관		
언 어	말, 머리, 꼬리, 귀, 앞다리, 뒷다리, 포유류, 외부기관, 내부기관		
교 구 제 시			

활동과정
(상호작용)
	제시1) 실물제시(또는 그림카드 제시)
	• 포유류(강아지)를 관찰하고 생김새를 이야기한다.
	• Time Line 챠트를 놓고 포유류가 나타나기 시작한 것과 인간의 발달을 이야기한다.
	• 또 다른 척추동물에는 어떤 것이 있을까요?
	• 말의 그림을 보여준다 (말은 척추동물 중에서 잘 발달된 것 중의 하나야)
	• 사람은 무슨 동물일까? 어렸을 때 우리도 젖을 먹고 자라지요?
	• 포유동물의 특징을 말해 본다.
	  - 피가 온혈이란다. 포유동물은 알로 태어나지 않고 새끼로 태어납니다.
	  - 포유류는 태어나자마자 엄마 젖을 먹게 되고 엄마는 새끼를 낳고 돌봐 줍니다.
	• 인간은 영장류이기도 하지만 포유 동물에 속한다.
	
	제시2) 세 부분 카드 하기
	• 벽 차트와 세 부분 카드로 3단계 학습을 한다.
	• 말이 하는 일과 외부기관의 명칭을 알아본다.

흥 미 점	포유류 각 기관의 특징(말의 갈기가 나 있는 곳, 발굽의 튼튼함)
실수정정	외부기관과 내부기관을 혼돈할 때.

변형 확대 및 응 용	• 환경이 주어질 때 말을 타 본다. • 현장 학습 시에 포유류를 찾아보고 자세히 관찰한다.	지도상의 유의점
		포유류란 말은 그리스어에서 유래되고 아기가 엄마 젖을 빤다는 뜻이다.
		관 찰 (아 동 평 가)
		포유류의 의미를 알고 있는가?

동물 45

7. 동물의 내부기관
활동 (18)

주 제	척추동물의 내부기관 (어 류)	대상연령	6세~
교 구	어류의 내부기관 세부분 카드, 여러 가지 어류 내부기관의 그림과 사진, 어항, 물고기, 어류는 마른 생선(큰 멸치, 새우 등)		
목 적	직 접	• 어류의 내부 기관의 명칭과 정의를 익히고 설명 할 수 있다. • 분별력, 탐구력을 발달시킨다.	
	간 접	• 조사활동의 즐거움을 인식하고 물고기를 위하여 환경보호를 해야함을 절실히 인식한다.	
선행학습	어류의 외부기관		
언 어	피부덮개, 번식, 뼈대, 호흡, 순환		
교 구 제 시			

활동과정
(상호작용)
	제시 1) 어류의 내부 기관 세 부분 카드 제시
	• 내부 기관에서 이루어지는 내용을 세 부분 카드로 제시한 후 정의 카드에 써 본다.
	  - 어류 : 최초의 등뼈 동물로 약 22000종이 있고 척추동물 중 가장 많은 수를 차지하고 있다.
	  - 피부덮개 : 비늘은 어류 종류나 모양에 따라 배열 방법이 다르다.
	              비늘에 있는 나이테는 나이를 가늠한다.
	  - 번식 : 적정 온도에서 산란이 되어 알의 겉은 망으로 둘러 쌓였다.
	         한 번에 매우 많은 알을 낳는다.
	  - 뼈대 : 매우 복잡한 뼈대 구조를 가졌다. 등뼈 끝에서 꼬리뼈가 나온다.
	  - 호흡 : 아가미로 호흡한다.
	  - 순환 : 심방이 2개이며 아가미에서 흡수된 피를 심방으로 옮긴다.
	         냉혈동물이며 바깥물의 온도와 같다.
	
	제시 2) 3단계 학습 실시

흥 미 점	어류의 내부·외부기간의 생김새를 보는 것
실수정정	어류의 기관명칭을 모를 때

변형 확대 및 응 용	• 정의카드를 읽고 알맞게 짝지어 놓기 • 소책자 만들기 • 관련 도서 읽기	지도상의 유의점
		모든 동물은 외부구조와 내부구조를 이루고 있음에 관심을 가지도록 한다.
		관 찰 (아 동 평 가)
		물고기의 내부기관을 관찰하고 주요 명칭을 인지하고 있는가?

활동 (19)

주 제	척추동물의 내부기관 (양서류)	대상연령	6세~
교 구	양서류의 내부 기관 세 부분 카드, 개구리가면, 개구리울음소리, 녹음테이프, 카세트 관련도서(양서류)		
목 적	직 접	• 양서류의 내부 기관의 명칭을 익힌다. • 분별력, 호기심, 탐구력 발달을 돕는다.	
	간 접	• 양서류에는 여러 가지 모양이 있음을 안다.	
선행학습	양서류의 외부기관		
언 어	피부덮개, 번식, 뼈대, 호흡, 순환		
교 구 제 시			

활동과정
(상호작용)
	제시 1) 교사는 양서류의 각 부분에 대한 그림을 TV 모니터로 보여 양서류의 구조에 대하여 이야기한다.
	양서류는 물과 육지에서 살며 육지에 올라온 첫 번째 동물이다. 피부가 축축하며 다른 척추 동물에 비해 그 수가 적다.
	• 피부덮개 – 축축하여 건조한 곳에서는 견딜 수 없다. 피부에는 독이 있다.
	• 환경에 따라 피부색이 변한다.(보호색-적으로부터 자신을 보호하지요)
	• 번식 – 알을 나을 때는 다시 물 속으로 들어가서 우무질이 덮인 알을 낳는다.
	• 올챙이 – 개구리가 될 때 땅에서 살기에 알맞은 형태로 변해서 육지로 올라온다.
	• 뼈대 – 갈비뼈는 없지만 갈비뼈를 대신하는 뼈는 있다.
	• 호흡 – 두 군데서 살기 때문에 두 종류의 호흡 기관이 있다.
	       양서류의 대표인 개구리의 머리에는 귀, 입, 눈이 있다.
	• 순환 – 어류보다 복잡하며 냉혈동물이며 또 환경 변화에 민감하게 적응한다.
	       – 너무 추우면 겨울에는 땅 속에서 긴 동면을 하면서 지낸다.
	• 개구리 뜀뛰기와 개구리 울음을 울어보고 노래 부르기.
	
	제시 2) 세 부분 카드 제시.

흥 미 점	양서류 내부 기관의 명칭과 특징, 두꺼비 개구리의 모습
실수정정	양서류의 특징을 잘 알지 못할 때

		지도상의 유의점
변형 확대 및 응 용	• 외부 기관 학습이 끝나면 개구리 해부를 하는 확대 활동도 가능하다. • 책자 만들기. • 개구리 외의 양서류 관찰하기.	어항에 개구리를 기를 때는 큰 돌을 넣어 그 위에 올라앉아 숨을 쉬도록 한다.
		관 찰 (아 동 평 가)
		개구리 내부기관의 명칭을 말 할 수 있는가?

활동(20)

주 제	척추동물의 내부기관 (파충류)	대상연령	6세~
교 구	파충류의 내부 기관의 그림 및 세 부분 카드, 관련도서 (파충류)		
목 적	직 접	• 파충류의 내부기관을 알고 동물을 사랑하고 보호할 수 있다. • 파충류와 관련한 어휘력을 증진시킨다.	
	간 접	• 자연을 사랑하고 보호할 수 있다. • 동물의 번식을 존중한다.	
선행학습	조류의 외부기관		
언 어	피부덮개, 번식, 뼈대, 호흡, 순환, 심방		
교 구 제 시			

활동과정 (상호작용)	제시 1) 파충류란 무엇일까요 ? 거북이, 악어 등을 그림카드로 제시 • 척추 동물 중 육지에서 일생을 보낸 최초의 삶을 사는 동물을 알아본다. - 쥬라기시대 : 많은 종류와 많은 수가 있었다. (공룡) • 피부덮개 : 굉장히 거친 피부를 가지고 있으며 피부가 단단하기 때문에 습도를 조절하기 위해 습지에 있을 필요가 없다. • 번식 : 땅 속에서 알을 낳는다. • 뼈대 : 회색이며 양서류와 구별되고 더욱 단단하다. • 호흡 : 3심방의 냉혈 동물이며 변온 동물임. (추울 때 → 동면이 필요함) • 순환 : 3개 → 초기단계의 2심방 1심실이 나타난다. • 악어나 거북이는 해가 잘 들어 따뜻한 뭍에 알을 낳고 모래를 덮어 알이 잘 부화되도록 한다. 악어는 새끼를 잡아먹는 것이 아니라 입 속에 새끼를 넣어 안전하게 보호하며 이동시킴을 이야기한다. 제시 2) 세 부분 카드 제시
흥 미 점	• 변온동물로 피의 온도가 변할 수 있는 점과 동면 하는 일. • 도마뱀과 거북이의 생김새를 비교해 보는 것
실수정정	거북이와 자라를 구별하지 못할 때.

변형 확대 및 응 용	• 정의카드를 읽고 알맞게 짝 지어 놓기. • 파충류의 내부기관에 대한 소책자 만들기. • 관련 도서 읽기.	지도상의 유의점
		세 부분 카드는 항상 교사용과 아동용이 있는 것이 바람직하다.
		관 찰 (아 동 평 가)
		세 부분 카드를 활용하여 파충류의 내부기관의 위치와 명칭을 인지하고 있는가?

활동 (21)

주 제	척추동물의 내부기관 (조 류)	대상연령	6세~
교 구	조류의 내부 기관 그림 및 세 부분카드 관련도서(조류)		
목 적	직 접	• 조류의 내부 기관의 명칭과 정의를 익힌다. • 분별력, 호기심, 탐구력을 기른다.		
	간 접	• 조사 학습 활동의 중요성 • 어휘력을 증진시킨다.		
선행학습	조류의 외부기관		
언 어	피부덮개, 번식, 뼈대, 호흡, 순환		
교 구 제 시			

활동과정 (상호작용)	제시 1) 조류의 내부기관의 그림을 제시하면서 내부기관에 대해서 이야기한다. • 최초의 온혈 동물이며 부리는 있으나 이는 없다. (꾀꼬리, 타조, 황새) • 조류 : 털 대신 깃털을 가지고 있으며 날지 않더라도 날개를 갖고 있다. 　　　　날 수 있는 새, 날 수 없는 새가 있음을 알아본다. • 피부덮개 : 몸은 깃털로 덮여 있으며 1년 1회 깃털갈이를 한다. • 번식 : 높은 곳에 둥지를 틀고 알을 낳아 번식한다. 　　　　새끼는 혼자 살 수 있을 때까지 어미가 돌봐 준다. • 뼈대 : 특별한 뼈대 구조, 속이 비어 있다 ←날 수 있게 해준다. • 호흡 : 가슴뼈가 움직임으로써 공기가 허파로 들어가도록 돕는다. • 순환 : 첫 번째 온혈동물은 사람보다 온도가 약간 높다. 신방이 5 개 제시 2) 세 부분 카드놀이 (3단계 학습)		
흥미점	• 새의 날개가 펴져 날 수 있는 점(새가 빨리 날 수 있는 점) • 조류내부기관의 생김새를 보는 일		
실수정정	• 새는 모두 날 수 있다고 잘못 생각할 때. 　(타조나 키위 같이 날개가 있어도 날지 못하는 새도 있다.)		
변형 확대 및 응　용	• 날 수 있는 새, 날지 못하는 새 알아보기. • 정의카드를 읽고 알맞게 짝지어 놓기. • 각 내부기관의 생김새와 역할에 대한 그림과 　설명을 쓴 소책자를 만든다. • 관련 도서 읽기.	**지도상의 유의점** 조류의 내부기관과 생김새를 그림으로 보게 된다. **관 찰 (아 동 평 가)** 조류의 내부기관의 명칭을 알고 관심이 있는가?	

활동 (22)

주 제	척추동물의 내부기관 (포유류)	대상연령	6세~
교 구	포유류 내부 기관의 3부분 카드 관련도서(포유류)		
목 적	직 접	• 포유류의 내부 기관의 명칭과 정의를 익히고 설명할 수 있다. • 분별력, 호기심, 탐구력 발달.	
	간 접	• 조사 학습활동의 중요성. • 어휘력 증진.	
선행학습	포유류의 내부기관, 세 부분 카드		
언 어	피부덮개, 번식, 뼈대, 호흡, 순환		
교 구 제 시			

활동과정 (상호작용)	제시 1) 포유류의 내부기관을 제시한다. • 포유류는 젖을 먹고사는 동물이다. (사람, 말, 호랑이, 염소 등) • 포유류 : 가장 발달된 척추동물 • 피부덮개 : 털을 갖고 있다. 따뜻하게 보호한다. • 번식 : 태생. 어린 새끼들은 부모의 젖을 먹고 어느 정도까지 보호를 받는다. • 뼈대 : 매우 복잡한 구조이며 종마다 구조가 약간씩 다르다. – 내부기관(내장)을 보호한다. 두개골은 뇌를 보호 할 수 있는 통뼈이다. • 호흡 : 2 심방 2심실을 가지고 허파로 숨을 쉰다. • 순환 : 온혈 동물. 2개의 폐로 연결되어 산소를 가져오고 보내고 한다. 제시 2) 3 단계 학습, 포유류 내부기관의 세 부분 카드 활용하여 3단계 학습 실시	
흥 미 점	포유류 내부 기관의 명칭과 특징.	
실수정정	포유류의 내·외부기관의 특징을 알지 못할 때.	
변형 확대 및 응 용	• 인체 모형도를 보여 주면서 인체의 내부기관을 보호하는 방법을 학습한다.(담배, 술, 알콜 남용) • 정의카드를 읽고 알맞게 짝지어 놓기. • 소책자 만들기. • 관련 도서 읽기.	**지도상의 유의점** 동물의 사냥을 금하고 인간의 내부기관을 건강하게 해야함을 인지한다. **관 찰 (아 동 평 가)** 포유류의 종류를 한가지 이상 내부 기관의 역할을 말해 볼 수 있다.

8. 무척추 동물의 기관

활동 (23)

주 제	무척추 동물 (해면동물)	대상연령	6세~
교 구	해면 동물의 3부분카드, 여러 가지 해면 동물 그림, 타임 라인 동물관련 시청각 자료		
목 적	직 접	해면동물의 생김과 특징을 인지한다.	
	간 접	• 분류하기. • 호기심과 탐구력 발달.	
선행학습	무척추 동물 왕국 (해면동물, 강장동물, 편형동물, 선형동물, 환형동물, 연체동물, 절지동물, 극피동물 분류)		
언 어	해면동물, 몸, 입수공, 침상체, 출수공		
교 구 제 시			

활동과정 (상호작용)	제시 1) 무척추 동물 왕국 8가지를 상기시킨다. • 해면 동물이란 어떤 것일까요? 해면동물의 그림 제시 - 가장 단순한 동물군으로 스펀지 등이 이에 속한다. • 해면동물은 원시적인 동물이며 다세포로 되어 있어요. - 1~5년 살수 있으며 구멍으로 가득 차 있고 모양은 주머니 모양입니다. • 몸 : 모양은 구멍을 가지고 있으며 꽃병 모양입니다. - 2개의 체벽으로 이루어졌고 안은 비어 있다. • 입수공 : 물이 들어가는 구멍입니다. • 침상체 : 바늘과 같이 생김, 단단하고 몸을 지탱하게 합니다. • 출수공 : 물을 흡수해 위로 내 뿜는 구멍입니다. - 물을 정화 시켜 내 보냅니다.(자연 보호와 관련이 되는 부분) 제시 2) 세부분 카드로 각 기관 알기
흥 미 점	각 부분별 명칭과 특징.
실수정정	해면동물의 부분 명칭을 모를 때.

변형 확대 및 응 용	• 여러 가지 해면 동물의 사진, 그림, 정보를 모아 벽에 제시하기. • 설명카드 쓰기, 연구과제 백과 사전 찾기, 8가지의 사실을 찾아서 쓰고 그림 그리고 부분명칭 쓰기	**지도상의 유의점**
		모든 생명체에 존엄성을 인식하게 한다.
		관 찰 (아 동 평 가)
		해면 동물의 겉모습과 내부기관에 관심을 가지는가?

활동 (24)

주 제	무척추 동물 (강장동물)		대상연령	6세~
교 구	강장동물의 3부분 카드, 강장동물에 대한 그림 관련도서			
목 적	직 접	강장 동물의 정의와 특징을 알고 그 기능을 안다.		
	간 접	• 미미한 생명력도 살아 움직이고 있음을 인식하고 생명체를 존중 한다. • 호기심과 탐구력 발달.		
선행학습	해면 동물			
언 어	강장 동물, 몸, 촉수, 자세포, 입			
교 구 제 시				

활동과정 (상호작용)	제시 1) 자료 찾기 방법제시 • 강장동물이란 어떤 것일까요?(산호, 해파리, 말미잘 같은 것) • 강장동물은 지구 최초의 동물이지요 강장은 비었다는 뜻이죠. • 단순한 하등 동물이며 간단한 소화 기능을 가졌어요. • 몸은 해면동물과 같이 속이 비어 있다. 주머니 모양입니다. • 촉수는 가늘고 길며 쓰다. 안이 비어 있고 어느 방향으로나 움직일 수 있어요. • 자세포는 촉수 바깥쪽에 위치하며 물고기가 지날 때 감싸고 달걀모양의 쏘는 독소로 세포에 접근하는 동물을 마비시키기도 합니다. • 입은 먹이를 끌어들이는 구멍이 있어요. • 산호는 형태 색깔은 아름답고 크기가 다양해요. • 바다 민달팽이는 딱딱한 껍질을 소유하고 있어요. 제시 2) 강장동물의 기관에 대한 3부분 카드 학습과 선택활동하기.	
흥미점	바닷 속 산호의 아름다운 모습이 동물이라는 것.	
실수정정	강장동물에 대한 자료를 찾지 못할 때	
변형 확대 및 응용	• 여러 가지 강장동물 그림과 정보 모아 발표하기. • 그림을 그리고 같이 이야기 하기. • 3학년은 스스로 탐구활동하기.	**지도상의 유의점** 세상의 생물체는 생김새, 먹이 등 사는 방법이 제각기 다른 신비함에 관심을 갖게 한다. **관 찰 (아 동 평 가)** 강장동물을 이해하고 몸의 모습과 기능을 설명하는가?

활동 (25)

주 제	무척추 동물 (편형동물)	대상연령	6세~
교 구	편형동물의 3부분 카드, 여러 가지 편형 동물 그림, 관련도서		

목 적	직 접	편형 동물의 정의와 특징을 알고 그 기능을 설명할 수 있다.
	간 접	분류 능력을 기르고 호기심과 탐구력을 발달시킨다.

선행학습	강장 동물
언 어	편형 동물, 몸, 안점, 섬모, 입, 배설강
교 구 제 시	

활동과정 (상호작용)	제시 1) 편형동물의 그림을 제시한다. • 편형동물에는 어떤 것들이 있나요? 촌충, 플라나리아 • 편형 동물의 각 부분 명칭과 역할 그리고 생김새는 어떠합니까? • 편형동물은 체절이 없다. 편편한 동물이라는 말에서 왔어요. • 몸은 부드럽고 가냘프며 머리부분은 삼각형입니다. • 몸은 3부분으로 피부, 근육질, 소화기관으로 나눌 수 있어요. • 안점은 등 안쪽에 있음. 빛에 반응하나 상을 맺지 못합니다. • 움직이기 위해서 섬모를 이용하며 털처럼 생겼어요. 그러나 피부로 움직이기도 합니다.(각 피 등) • 입은 몸의 중심에 있어요. 관이 하나 있어 그 관(인두)이 나와서 먹이를 먹습니다. • 항문은 없지만 온 몸에 배설강 이라는 구멍이 있어 배설할 수가 있습니다. • 머리는 한쪽 끝에 삼각형 모양으로 안점이 있어요. 제시 2) 세 부분 카드로 활용을 한다.	
흥 미 점	촌충은 사람 몸에서 1m 까지 큰다.	
실수정정	편형동물은 눈은 없으나 안점으로 빛을 감지 할 수 있음을 모를 때.	
변형 확대 및 응 용	• 여러 가지 편형동물에 대한 정보 수집 발표. • 각 부분 자세히 제시. • 소책자 만들기.	**지도상의 유의점** 혐오감을 주는 동물도 생태계에 큰 도움을 줄 수 있음을 이해시킨다. **관 찰 (아 동 평 가)** 편형동물의 몸의 모양과 안점, 섬모, 입, 배설강의 위치와 명칭에 관심을 가지고 관찰한다.

활동 (26)

주 제	무척추 동물 (선형동물)		대상연령	6세~
교 구	선형동물의 3부분 카드, 여러 가지 선형동물 그림, 관련도서			
목 적	직 접	선형 동물의 정의와 특징을 알고 그 기능을 설명 할 수 있다.		
	간 접	분류능력을 기르고 탐구력을 발달시킨다.		
선행학습	편형동물			
언 어	선형동물, 몸, 입 항문			
교 구 제 시				

활동과정 **(상호작용)**	• 선형동물에는 어떤 것들이 있나요? 회충, 요충, 기생충 등 • 그림이나 사진 제시하며 선형동물의 생김새 이야기하기 • 선형동물은 주로 언제, 어디서 볼 수 있을까요? • 선형동물은 체절이 없는 벌레 같은 동물(줄, 실이라는 뜻임) • 몸은 부드럽고 섬모나 체절이 없습니다. • 입은 소화기가 시작되는 부분이며 아주 작은 구멍이 있어요. • 항문은 소화기관의 마지막 부분이다. (긴 소화기관을 가지고 있다.) • 소화기관을 가지는 첫 번째 동물이다. • 선형동물 중 해로운 것과 이로운 것을 생각해 봅시다. • 3부분 카드로 하기	
흥미점	입에서 바로 소화가 이루어지는 점.	
실수정정	선형동물의 특징을 모를 때.	
변형 확대 **및** **응 용**	• 동물에 대한 도서나 인터넷에서 풍부한 정보를 더 많이 얻는다. • 여러 가지 선형 동물에 대한 정보를 찾아서 기록하고 발표회 갖기.	**지도상의 유의점** 선형 동물의 특징을 알고 기생충 약을 연 1, 2회 먹도록 한다. **관 찰 (아 동 평 가)** 선형동물의 모습과 입과 항문의 위치와 기능을 이해하는가?

활동 (27)

주 제	무척추 동물 (환형동물)		대상연령	6세~
교 구	환형동물의 3부분 카드, 관련차트 및 도서			
목 적	직 접	환형 동물의 정의와 특징을 알고 그 기능을 설명할 수 있다.		
	간 접	우주의 다양한 생명체에 관심을 가지고 탐구하도록 한다. 생명공학에도 관심을 가지도록 한다		
선행학습	선형동물			
언 어	환형 동물, 몸, 각모, 체환, 환대, 입, 항문, 거머리			
교 구 제 시				

활동과정
(상호작용)
	제시 1) 환형동물의 생김새
	• 환형동물의 그림을 보고 여러 가지 정보 나누기
	• 환형동물 : 거머리, 지렁이 등이 이에 속한다.
	  – 체절 마디로 되어 있다.
	  – 몇몇의 환형동물은 움직이기 위해 작은 털(각모)이 있다.
	  – 몸은 마디로 몸이 구성되어 있으며 부드럽고 길다.
	• 강모는 바깥쪽 부분의 뻣뻣한 털을 움직이기 위해 있음을 알아본다..
	  섬모환이 있어 기어 다닐 수가 있다.
	• 체환은 마디의 고리를 말한다.
	• 환대는 알을 감싸고 있으며 주머니 같은 모양을 하고 있다.
	• 입은 소화기능의 시작 후 배설한다.
	• 채집하여 돋보기로 관찰하기.
	
	제시 2) 세 부분 카드로 활동하기
	• 학습한 내용을 정리 요약하여 기록한다.	

흥 미 점	몸에 환대(주머니 같은 모양)가 있어 알을 감싸고 있다.	
실수정정	지렁이의 앞과 뒤를 구별하고 명칭을 모를 때. (유리판에 놓고 잘 끌려오는 쪽)	
변형 확대 및 응　용	• 여러 가지 환형동물에 대한 그림 정보를 모아 벽에 게시하기. • 유리 상자에 지렁이를 사육하여 관찰한다.	**지도상의 유의점** 환형동물 지도를 위한 세 부분 카드를 정확히 만든다. **관 찰 (아 동 평 가)** 환형동물의 겉모습과 각모, 체환, 환대, 입, 항문의 위치를 알고 명칭을 부를 수 있는가?

동 물 65

활동 (28)

주 제	무척추 동물 (연체동물)		대상연령	6세~
교 구	연체동물의 3부분 카드, 여러 가지 연체 동물 그림			
목 적	직 접	미세한 생명체에 관심을 갖는다. 연체 동물의 특징과 주요 부분에 관심을 가진다.		
	간 접	• 분류하기. • 호기심과 탐구력 발달.		
선행학습	환형 동물			
언 어	연체 동물, 몸, 눈, 촉수, 집, 입, 항문, 호흡, 다리, 꼬리, 외투막			
교 구 제 시					

활동과정
(상호작용)
	• 연체 동물에는 어떤 것들이 있는지 알아본다.(조개, 굴, 홍합, 달팽이, 문어)
	• 연체 동물(달팽이)의 생김새와 부위별 명칭을 알아본다.
	 (연체 동물은 부드러운 몸과 단단한 껍질로 감싸고 있는 경우가 있다.)
	 – 몸 : 부드러운 체절로 되어있다
	 – 눈 : 촉수(더듬이) 끝에 눈이 있다 (연체 동물의 눈은 재생이 가능)
	 – 촉수 : 달팽이는 촉수가 2개이고, 문어는 8개, 오징어는 그 이상의 촉수가 있으며 조개는 촉수가 없다.
	 – 집 : 연체 동물이 성장함에 따라 껍데기도 자란다. (조개껍질의 선)
	 – 입 : 치열을 갖고 있다.
	 – 항문 : 배설기관으로서 껍질의 맨 가장자리에 있는 구멍이 있어요.
	   (몸통에 가깝다.)
	 – 호흡 : 구멍이 머리 쪽에 가깝다. 항문보다 조금 크다.
	 – 다리 : 다리는 거칠고 근육질이다.
	   유동성의 점액이 나와 움직이는 것을 도와 준다.
	 – 꼬리 : 껍질의 확장된 부분(껍질의 연장)
	 – 외투막 : 어떤 물질을 생산하는 곳 (껍질을 만든다.)

흥미점	• 민달팽이는 껍데기가 없다는점. • 연체 동물은 눈의 재생이 가능하다는 점.
실수정정	• 민달팽이는 껍데기가 없는데 있다고 생각하는 점.

변형 확대 및 응용	연체동물의 세 부분 카드를 만들어 제시하고 연체동물에 대한 정보를 더 찾아내지 나의 책을 만든다.	**지도상의 유의점**
		연체 동물은 교실에서 어항 속에서 기르며 관찰이 가능하다.
		관찰 (아동평가)
		연체 동물의 특징과 주요부분의 기능을 아는가?

활동 (29)

주 제	무척추 동물 (절지동물)	대상연령	6세~
교 구	절지동물의 3부분 카드, 여러 가지 절지동물의 그림 및 정보, 곤충		
목 적	직 접	절지동물의 정의와 특징을 인지하고 주요 부분에 관심을 가질 수 있다.	
	간 접	동물에 대한 호기심과 탐구력 발달시킨다.	
선행학습	연체 동물		
언 어	절지동물, 다리, 몸, 겹눈, 소리, 더듬이, 입, 항문, 날개		
교 구 제 시			

활동과정 (상호작용)	• 절지 동물에는 어떤 것들이 있나요? 잠자리, 나방, 나비 등 　- 다리 : 마디 또는 분절로 됨. 　- 몸: 절지동물의 3부분(머리, 가슴, 배) 　- 겹눈 : 커다란 눈을 가지고 있으며 작은 움직임도 감지한다. 　- 소리 수신기: 앞발에 진동 감지기가 있다 　- 더듬이 : 2개이며 냄새 촉각 등 감각을 감지한다. 　- 입 : 두 개의 무거운 턱 가운데 위치하고 씹을 수 없고 날카로운 두 개의 턱이 보임. 　- 항문 : 복부의 맨 끝에 있음. 배설한다. 　- 날개 : 어떤 동물은 날개가 있어 날 수 있게 돕는다. 　　　　　이 문은 4개의 강으로 나눌 수 있다. 　- 다족류(지네류) : 많은 다리와 함께 긴 몸을 가짐. 지네, 노래기. 　- 거미류 : 8개의 다리를 가짐. 머리는 가슴 부분에 있다.(거미, 전갈, 진드기 등) 　- 갑각류(게, 새우류) : 외부 골격 구조에 의해 보호할 수 있는 딱딱한 껍질로 싸여 　　　　　있음. 더듬이를 가짐. 바닷가재, 게 새우 벼룩 등 　- 곤충류 : 3쌍의 다리를 가지고 있음. 가장 많은 종류(약 10억). 키틴질의 외골격(밟 　　　　　으면 바지직 소리가 남) 메뚜기, 벌, 무당벌레 등.
흥미점	• 더듬이로 촉감을 감지할 수 있는 점. • 거미는 항문에서 거미줄을 빼내고 있는 점.
실수정정	곤충의 3부분을 정확히 모를 때

변형 확대 및 응용	• 정의카드 쓰기, 읽기. • 절지동물(문)에 속해 있는 여러 가지 동물들에 대한 정보 모으기.	지도상의 유의점
		여러 가지 동물의 생김새와 기능에 관심을 갖게 한다.
		관찰 (아동평가)
		절지동물의 몸과 겹눈, 더듬이, 항문의 위치와 기능의 다른 점을 이해하는가?

활동(30)

주 제	무척추 동물 (극피동물)		대상연령	6세~
교 구	극피 동물의 3부분 카드, 여러 가지 극피동물 그림 및 정보, 명칭 카드, 그림카드, 불가사리, 성게			
목 적	직 접	극피 동물의 정의와 특징을 알고 그 기능을 설명할 수 있다.		
	간 접	동물에 대해 관심을 갖고 동물을 보호할 수 있다.		
선행학습	절지동물			
언 어	극피 동물, 몸, 입, 천공체, 항문			
교 구 제 시				

활동과정 (상호작용)	제시 1) 극피 동물에 대해 그림을 제시하고 정보를 나눈다. • 극피동물의 여러 가지 생김새와 이름 알아보기 • 극피동물의 특징 알아보기(그림이나 사진을 통해 찾아본다.) • 극피동물은 피부에 가시가 돋아있는 동물. • 극피 동물(불가사리)의 내부 기관과 역할을 알아봅시다. • 표피 바로 밑에는 석회질의 판으로 만들어진 단단한 골격이 있습니다. • 몸은 5 또는 2 배수의 방사상 체제로 구성되어 있다. • 입은 일반적으로 몸의 아래 부분에 있습니다. • 천공체는 깔때기 같은 역할(물을 순환시킴)을 합니다. • 항문은 중앙판 위에 있고 입은 밑에 있어요. 제시 2) 극피동물 세 부분 카드놀이를 한다.
흥미점	• 몸이 5방사 대칭인 점. • 항문이 중앙판 위에 있고 입은 밑에 있는 점.
실수정정	불가사리는 잘 움직이지 않는 것 같으나 게나 조개류를 마구 잡아먹는 바다의 포식자라는 정보를 모를 때.

변형 확대 및 응용	• 정의카드 쓰기, 읽기. • 극피동물(문)에 속해 있는 동물들 조사하기. • 연구과제 해결.	지도상의 유의점
		지구상의 모든 생물이 잘 살 수 있도록 보호하는 마음을 심어 준다.
		관찰 (아동평가)
		극피동물의 몸과 입, 천공체, 항문의 위치와 기능에 관심을 가지는가?

개별화 교육을 위한
몬테소리 교수-학습 지도안

동 물
(9~12세)

도서출판 **몬테소리**

차 례

활동(1) 생명의 역사(Time Line of Life) ·· 76

활동(2) 생명을 지배하는 법칙 ··· 78

활동(3) 우주의 상호의존 ·· 80

활동(4) 생물 ··· 82

활동(5) 세포(Cells) ·· 84

활동(6) 세포의 부분 명칭과 역할 ·· 86

활동(7) 세포만들기(분열) ·· 88

활동(8) 세포분열(Cell) ··· 90

활동(9) 생물의 5왕국, 생물의 특징 ·· 92

활동(10) 동물(zoology), 원핵생물(prokaryote) ································· 94

활동(11) 동물분류의 체계(자연적인 분류) ······································· 96

활동(12) 문화영역에서의 쓰기 활동 ··· 98

활동(13) 동물의 분류(인위적분류(Artificial Classification)) ················ 101

활동(14) 동물 분류 게임(Animal Classification Game) ······················ 103

활동(15) 척추동물의 주요 특성 ··· 105

활동(16) 무척추 동물의 주요 기능 ··· 107

활동(17) 동물·무척추 동물의 문(phylum) ····································· 109

활동(18) 생명의 나무 ·· 111

활동(19) 보존된 동물의 해부 ·· 113

활동(20) 위대한 강 ··· 115

활동(21) 사랑의 균형법칙 ·· 117

활동(22) 신체의 각 부분 ·· 119

활동 (1)

주 제	생명의 역사 Time Line of Life		대상연령	9~12세
교 구	생명의 역사연대표(Time Line of Life) 각 시기별 정보 카드(Information card)			
목 적	직 접	각각의 생명의 특성을 카드를 통해 이해한다.		
	간 접	지구의 동물, 식물, 지질에 대한 연구하는 기초능력을 기른다.		
선행학습	생명의 역사 챠트에 대한 기호학습 (Time Line of Life)			
언 어	생명, 동물, 식물, 지질 각 시대의 명칭, 각 동물의 명칭			
교 구 제 시				

캄브리아기카드(Cambrian Fact Card)

활동과정 (상호작용)	제시1) · black chart에 그림을 짝지어 본다. · 현재 알고 있거나 발견한 것에 대해서 상호 정보나누기. 〈캄브리아기〉 　① 어떤 생물이 살았을까? (삼엽충, 해파리) 　② 생물이 주로 사는 곳(물속) 　③ 생물들의 조직(유기체)은 단순했을까?, 복잡했을까? · 시대별로 멸종되었거나 다시 생성·진화된 것을 중심으로 성장과 멸종 · 생물의 퇴화나 진화과정에 대해서 알아본다. · 각각의 생물의 특성을 부분별 카드를 통해서 알아본다. 제시2) 교사와 아동이 같이 각 시기별 세부분 카드를 만들어 제시한다. 　– 동물 바탕색은 빨강(red), 식물은 초록(green), 지리 및 지질은 갈색(brown) 제시3) 각 시기별로 연구(research) 및 타임라인카드(fact card)를 만들어 제시한다. · 새로운 사실들을 계속 추가시킨다. : ((예) 해조류가 물 속에서만 살았다. 　단단한 부분이 없어 부패하기 쉽다. 지금은 화석으로만 발견된다.)
흥 미 점	동물이 멸종된 까닭을 알아 보는 것
실수정정	타임라인에서 시기별 색상의 의미를 모를 때

변형 확대 및 응 용	· 시기별 특징 　동식물을 선택하여 개인능력에 따라 연구하고 문제 카드(question card, fact card)를 만든다. · 학습활동과 관련된 질문의 유형을 만들어 본다 　– 소책자를 만든다.	**지도상의 유의점** 교구제시에서 저학년의 교구는 6~8종류, 고학년은 도전 자극을 위해서 12~16개종류로 작업한다.
		관 찰 (아 동 평 가) 각 시기별로 생명발달의 독특한 특성을 이해하는가?

활동 (2)

주 제	생명을 지배하는 법칙 (Rules that Govern Life)		대상연령	9~12세
교 구	생명의 역사 연대표 (Time Line of Life)			
목 적	직 접	생명을 지배하는 일정한 생명의 법칙이 있음을 이해한다.		
	간 접	살아 있는 존재에 관심을 가지고 연구하는 태도를 갖춘다.		
선행학습	생명의 역사			
언 어	생명의 기원, 역사, 생명의 나무			
교 구 제 시				

활동과정
(상호작용)
	◎ 제시1) 생물학의 어원 제시
	· 생물학(Biology)어원은 그리스에서 나왔다. bios-생명(life), logos-연구(study)
	· 생명의 기원(Time Line of Life)을 제시하면서 설명해 준다. 생존 경쟁의 관점에서 이야기 한다. 살아 남기 위한 방법, 투쟁, 생태적 자연 상태에서 평형을 유지하도록 서로 돕고 있는 점을 들려준다.
	· 모든 창조된 생명물에서 복종(순종)의 철학(Certain Laws of Life that must be obeyed by all creatures)이 있다는 것을 발견할 수 있다. 모든 이 세상의 존재는 이 법칙을 지키기 위하여 전력을 다하여 노력하며 그들은 종족을 유지하기 위하여 노력한다.
	· 생명들은 계속 환경의 변화에 적응 순응하고 개선해 나간다.
	  (adapt itself to environmental changes)
	· 모든 창조물은 더 이상 적응할 수 없으면 소멸한다.
	· 몬테소리는 이것을 생명의 숭고한 영적인 부분(the spiritual part of life)이라고 불렀다.
	· 교사는 아이가 가진 관심을 자극하는 것이 무엇인가를 관찰한다.
	· 과학 교육의 목적은 모든 과학에 돌아가는 열쇠(keys to all the sciences)를 아이들에게 주는 것이다.
	· 생물학 학습 내용을 소개하고 학습계획을 세운다.
	  A. 6~9세 동물학 지도내용
	   ① 살아있는 동물 돌보기 ② 다양한 동물과 그 동물에 대한 이야기의 공부
	   ③ 이들 동물의 욕구를 다루는 분류게임 ④ 동물의 분류에 대한 소개
	   ⑤ 동물의 외부기관에 대한 소개 ⑥ 생명의 기원 (Time Line of Life)에서 동물의 위치
	   ⑦ 질서와 사랑의 법칙에 대한 이야기
	  B. 6~9세 식물 지도내용
	   ① 살아있는 식물 돌보기 ② 식물학 학명에 대한 공부
	   ③ 다양한 식물의 사진이나 그림과 관련된 이야기공부
	   ④ 생명의 기원에서 식물들의 위치 ⑤ 식물 분류의 소개

흥미점	모든 생명의 종들은 생존에서 살아남기 위해 자신의 환경의 변화에 적응해야한다는 것
실수정정	생물의 진화와 멸종을 구분하지 못할 때

변형 확대 및 응 용	· 생물학 (동물, 식물)학습 계획 세우기	**지도상의 유의점**
		생물학은 살아 있는 존재를 연구하는 학문임을 인식시킨다.
		관 찰 (아 동 평 가)
		생명의 법칙을 이해하는가? (순종의 철학 – 종족의 유지)

활동 (3)

주 제	우주의 상호의존	대상연령	9~12세
교 구	상호의존을 나타내는 그림, 그릴 수 있는 A4정도의 용지 (태양, 땅, 물, 식물, 동물, 인간)		
목 적	직 접	우주는 상호의존관계를 가지고 우주의 커다란 법칙에 의해 움직이고 있음을 이해한다.	
	간 접	대우주의 상호의존에 대한 견문을 넓힌다.	
선행학습	생명을 지배하는 법칙		
언 어	상호의존, 우주, 태양, 땅, 물		
교 구 제 시			

우주의 상호의존

활동과정 (상호작용)	◎ 제시 1) 땅, 물, 공기, 산 해, 사람을 그린 그림 제시 T: 우주의 상호의존 관계를 공부했었지요? 　(태양을 보여주며) 이것이 무엇을 가리키는지 기억납니까? S: 태양 T: 태양은 우주의 모든 곳에 빛과 열을 보내준다. 　태양에서 나오는 열과 빛이 없다면 이 지구상에 그 무엇도 존재할 수 없다. T: 이것은 무엇이지요? S: 땅과 물입니다. T: 땅과 물 역시 의존한다. S: 이것은 동물과 식물입니다. T: 이들은 물, 땅 태양에 의존하고 있다. 　식물도 동물에게 의존하고 있는데, 그들은 각각 무엇을 얻고 있습니까? S: 이산화탄소, 배설물, 죽은 동물의 부패물 등이지요. T: 동물은 식물을 먹는 일 외에 무엇을 얻고 있습니까? S: 산소와 먹이 T: 식물은 토양의 침식 등을 막아 주기도 해요. 　그러면 이것은 무엇을 나타내고 있나요? S: 사람입니다. T: 사람들은 무엇에 의존하고 있을까요? S: 모든 것에 의존하고 있다. T: 사람들은 다른 것에 비해 강하기도 하지만 극히 약한 존재이기도 합니다. 　(어느 한 가지라도 없으면 심한 타격을 받기 때문이지요.)
흥 미 점	사람은 높은 지능의 소유자로 강한 존재이면서 반대로 자연에 복종(순종)해야하는 이중적 존재라는 점과 우주의 법칙을 깨닫게 될 때
실수정정	「의존」이라는 의미를 이해하지 못할 때

변형 확대 및 응 용	제시 받았던 그림을 그리고 자신의 언어로 이야기를 쓴다.	**지도상의 유의점** 우주의 상호 의존관계를 알기 위해 교사의 지시대로 그림을 먼저 그리게 한다. (땅, 물, 태양 등)
		관 찰 (아 동 평 가) 우주에는 커다란 법칙에 의해 상호의존하고 있음을 인식하는가?

활동(4)

주 제	생 물	대상연령	9~12세

교 구	식물학의 정의 카드, 그림챠트(동식물), 명칭카드

목 적	직 접	생물의 생태를 이해한다.
	간 접	생물(동물과 식물)에 관심을 갖고 연구할 수 있다.

선행학습	우주의 상호 작용

언 어	생물, 생물학, 동물학, 식물학

교 구 제 시	

활동과정 (상호작용)	◎ 제시 T: 생물학의 특성에 대해서 이야기한다. S: 살아있는 것에 대해 연구하는 학문이다. ☞ 이때 교사는 아동이 자유롭게 답을 할 수 있도록 한다. 　　완전한 문장을 구사할 수 있도록 교사가 자세한 설명을 덧붙인다. 　　아동의 답은 칠판이나 교사의 공책에 기록한다. 또 사전 등을 통해 아동의 답을 입증하는 작업도 한다. T: Biology을 다시 상기하는 기회를 갖는다. (Biology어원은 그리스) 　　bios - 생명(life), logos -연구(study)를 뜻한다. ☞ 어원을 가르치는 이유는 좀 더 확실한 용어 설명도 되고 언어영역과도 관련이 있다. T: 생물학의 2가지 분류를 기억하고 있나요? S: 동물학과 식물학 T: 용어에 대한 정의를 알아본다. 　　동물학(zoology은 동물계와 동물을 다루는 생물학의 한 부분이다.) 　　식물학(botany은 식물의 생장과 식물을 다루는 생물학의 한 부분이다.) T: 그림 chart와 명칭카드 제시	
흥 미 점	식물과 동물의 삶의 특성이 다른 점	
실수정정	동식물의 특성에 따라 구분하지 못할 때	
변형 확대 및 응 용	• 어휘에 대한 어원 찾기 • 동식물 학자를 조사하여 그들이 남긴 업적을 조사한다. • 시대별로 과학자들을 조사-역사와 관련	**지도상의 유의점** 생물은 생물학,무생물은 물리학에서 연구함을 알려준다.. **관 찰 (아 동 평 가)** 생물의 특징을 이해하는가?

활동 (5)

주 제	세포(Cells)		대상연령	9~12세
교 구	이야기 자료, 골프 공, 빵 묶는 끈, 동물·식물세포			
목 적	직 접	생물은 세포로 하여금 각기 맡은 기능을 담당하고 있음을 안다.		
	간 접	미세한 세포의 번식에 관심을 가지고 연구한다.		
선행학습	우주의 상호 관계, 생물			
언 어	세포, 동물세포, 식물세포			
교 구 제 시	동물세포　　　　　　　　　　　식물세포			

활동과정 (상호작용)	◎ 제시 1) 세포모양을 대그룹에 제시 - 대그룹 제시 - 교사의 이야기를 듣고 극화(drama)를 한다. • 1665년 영국의 과학자 R.Hook이 간단한 현미경으로 얇은 콜크 조각을 관찰하였다. 그때, 발견한 것이 아주 작은 빈 공간이었으며, 그 모습이 벌집과 같았다. 벌집처럼 보인 작은 공간은 마치 수도원의 수도사가 기거하던 방과 같았다. 그리고 사람들은 그 방을 세포라 불렀었다. • 현대 과학자들이 Hook가 발견한 것을 다시 관찰한 결과 죽은 나무의 세포막을 발견한 것이라는 사실을 알았으며, 지금은 더 많은 세포를 발견할 수 있다. • 1838년 Mattthias Schleiden과 Theodor Schwann이 저녁을 먹다가 발견을 했는데, 동·식물이 세포로 이루어졌으며 또한 모든 생물들도 모두 세포로 이루어졌다는 것을 알았다. • 화학물질끼리 결합하면 다른 화학물질을 만든다. 그러나 세포끼리 결합을 하면 다른 세포를 만들 수는 없어도 재생산은 가능하다. • 어떤 동물들은 단일 세포로 이루어진 것이 있으며, 이들은 너무 작아 현미경으로만 관찰이 가능하다. 예를 들면, 아메바는 단세포 생물이지만, 꽤 큰 것이며, 현미경으로만 관찰이 가능하다. 박테리아는 작은 세포로 되어 있는데, 박테리아 5만 개가 모여야 1 inch가 된다. (1cm를 만들려면 25000개~30000개가 모여야 한다.) • 세포는 생물의 특징을 가지고 있다. 생물의 특징은 움직이고 성장하며 자극에 반응하고 스스로 보호하고 재생산하는 특징이 있다. 세포는 매초마다 5만여개가 죽고 재생산 된다.
흥 미 점	미세한 세포들이 힘과 능력의 신비함과 이 세상에서 가장 큰 세포는 타조알 임을 알게 될 때 (오렌지나 사과보다 크다)
실수정정	세포의 생김과 역할이 서로 다름을 모를 때

변형 확대 및 응 용	여러 가지 동식물의 세포를 그리고 정의한 소책자를 만들기 (가늘고 긴 모양의 세포, 둥근 모양의 세포 등)	지도상의 유의점
		어떤 작은 생물일지라고 그 나름대로 소중한 상호작용의 역할을 인식하도록 한다.
		관 찰 (아 동 평 가)
		세포 역할의 다양함을 이해하는가?

동물 85

활동 (6)

주 제	세포의 부분 명칭과 역할	대상연령	9~12세
교 구	세포의 명칭, 정의 카드		
목 적	**직 접** 세포의 명칭과 역학을 안다.		
	간 접 여러 가지 세포에 관심을 갖는다.		
선행학습	세포(Cells)		
언 어	① 핵(nucleus) ② 세포막(cell membrane) ③ 미토콘드리아(mitochondria) ④ 소포체(endpolasmic reticulum) ⑤ 골지체(golgi Apparatus) ⑥ 리보좀(ribossomes) ⑦ 엽록체(chloroplast) ⑧ 리소솜(lysosome)		
교 구 제 시	세포의 요소와 기능 출처 : Daum 백과사전		

활동과정 **(상호작용)**	◎ 제시 T : 지난번에 세포에 대한 연극을 했었지요? S : 예. T : 어떤 부분이 있었는지 기억나니? S : 핵입니다. T : 핵이 하는 일은 무엇이었지요? S : 정보교환 T : 구체적으로 핵의 역할을 이야기한다. 　　(명칭카드와 정의카드를 놓으며 아는 바를 이야기한다) ① 핵(nuclear) - 세포의 통제 기관으로 중심원자, 핵 원자라 한다. ② 세포막 - 피부조직같이 하나의 지역에서 다른 지역을 분리하는 얇은 막이나 층이다. ③ 미토콘드리아(mitochondria) - 소시지 모양으로 힘의 원천이며 영양분을 　　만드는 역할 ④ 소포체(endoplasmic reticulum) - 방송망과 같은 역할을 한다. ⑤ 골지체(golgi body) - 단백질을 약간 저장하기도 하고 핵의 명령을 　　받아 단백질을 세포 안이나 밖으로 이동시킬 것인가를 결정한다. ⑥ 리보솜(ridosome) - 공장과 같은 역할이다. ⑦ 엽록체(chloroplast) - 태양에서 빛에너지를 받아 화학 에너지로 바꾸는 역할을 한다. ⑧ 리소솜(lysosome) - 세포성분의 대사역할을 한다
흥미점	세포 놀이를 연극화하는 것
실수정정	세포 역할을 정확히 이해하지 못할 때

		지도상의 유의점
변형 확대 **및** **응　용**	• 여러가지 동물 세포 차트를 보면서 만들기 • 세포에 대한 소책자 만들기 　(그림+설명)	인터넷에서 세포찾아 보는 기회를 준다. 세포의 역할을 분명히 익힌다.
		관 찰 (아 동 평 가)
		세포의 명칭과 역할을 이해하는가?

활동 (7)

주 제	세포만들기(분열)		대상연령	9~12세
교 구	각 부분을 나타낼 수 있는 구체물, 2개의 지퍼팩, 향이 없는 젤라틴			
목 적	직 접	세포를 만들어 동식물 세포의 다른 점을 안다.		
	간 접	여러 가지 세포에 관심을 가지고 세포의 소중함을 안다.		
선행학습	세포들의 명칭과 정의			
언 어	동물세포, 식물세포			
교 구 제 시				

동물세포 / 식물세포

활동과정 (상호작용)	◎ 제시 T: 세포막은 필름(film)과 같은 얇은 막으로 되어 있다. 〈세포 만드는 순서〉 1. 향이 없는 젤라틴을 지퍼팩에 넣고, 뜨거운 물을 넣는다. 2. 그 다음에 찬물을 넣으면 끈적끈적한 액체가 된다. 3. 각 부분을 나타내는 구체물을 넣는다. (아동에게 구체물을 선택하게 하고 이유도 물어본다.) -핵: 구슬 -액포: 작은 향수병 -미토콘드리아: 고무줄 -소포체: 클립 -골지체: 작은 지우개 조각 -리보솜: 흰 종이(동물세포), 녹색종이(물이 빠지는-식물세포) -리소솜: 빵 묶는 끈 T: 두 세포의 차이점은? 세포막은 내막과 외막으로 나누어진다. 동물의 외막은 부드럽고 움직인다. 식물의 외막은 딱딱하고 중간막 형성되어 있다.
흥 미 점	동물세포와 식물세포의 구성이 서로 다른 점
실수정정	동식물 세포를 혼돈할 때

변형 확대 및 응 용	• 현미경을 보고 세포 그리기 연구 • 물건을 모아 3차원의 세포와 명칭 카드를 만든다. • 동식물 세포 중 한 가지를 선택하여 연구하고 소책자 만들기	**지도상의 유의점** 세포는 서로 결합하여 조직(tissue)을 만들고 조직이 모여 기관(organ)이 되며 기관이 모여 체계(system)가 됨을 이해시킨다.
		관 찰 (아 동 평 가) 동식물 세포가 서로 다름을 찾을 수 있는가?

활동 (8)

주 제	세포(cell)		대상연령	9~12세
교 구	달걀 2개, 그릇 2개			
목 적	직 접	유핵세포와 무핵세포를 이해한다.		
	간 접	동식물의 세포 분열에 대한 관심을 높인다		
선행학습	세포 만들기			
언 어	달걀, 그릇, 유핵, 무핵			
교 구 제 시	무핵세포와 유핵세포			

활동과정 (상호작용)	T ; 세포에 관한 연극한 것을 기억하니? S ; 예. T ; 세포가 무엇이지? S ; 생명체의 가장 기본적인 단위이다.(basic unit of life) 제시 1) 달걀 2개를 깨뜨려 각각의 그릇에 담아 보인다. T ; (노른자를 가리키며) 이것을 무엇이라고 하니? S ; 노른자 T ; 이 달걀 노른자가 세포라면 노른자 부분은? S ; 핵 T ; 핵도 자기 자신을 유지하기 위해 막으로 둘러싸여 있다. 제시 2) 한 쪽 그릇에 있는 핵을 칼로 갈라 노른자를 터뜨린다. T ; 핵이 온 세포 안으로 퍼졌다. T ; 이러한 세포를 무핵 세포라고 한다.(prokaryotic cell) T ; 노른자가 터지지 않은 핵을 유핵세포라고 한다.(eukaryotic cell) T ; 세포는 2종류로 나누었지? S ; 무핵 세포, 유핵 세포 T ; 어떤 세포를 만들었었니? S ; 동물, 식물 T ; 동식물 세포는 유핵 세포로 모두 핵이 있다.
흥미점	세포의 핵을 본다는 것
실수정정	핵과 세포의 역할을 분간하지 못할 때

변형 확대 및 응용	동식물 세포 중에서 한 가지를 선택하여 연구하고 소책자 만들기	**지도상의 유의점**
		아동이 체계적으로 정립할 수 있도록 한다.
		관찰 (아 동 평 가)
		세포 분열에 대하여 이해를 하는가

동물 91

활동 (9)

주 제	생물의 5 왕국 (kingdom) 생물의 특징	대상연령	9~12세
교 구	5왕국 챠트 (5 kingdom chart), 생명의 역사 챠트		
목 적	직 접	생물의 5왕국 분류의 의미를 이해시킨다.	
	간 접	생물의 종류와 분류에 의한 연구를 진행할 수 있다.	
선행학습	동물과 식물 세포 만들기		
언 어	5왕국 (원핵, 생물, 원생, 생물, 균류, 동물, 식물) 호흡, 배설		
교 구 제 시	강장 동물문(히드라 등)　　　　　편형 동물문		

활동과정 **(상호작용)**	**제시: 생물의 5왕국 늘어놓기** T ; 모든 물질은 2가지로 나누어지는데, 무엇인지 아니? S ; 생물과 무생물 T ; 5 kingdom chart를 보고 생물의 특징을 말해보겠니? 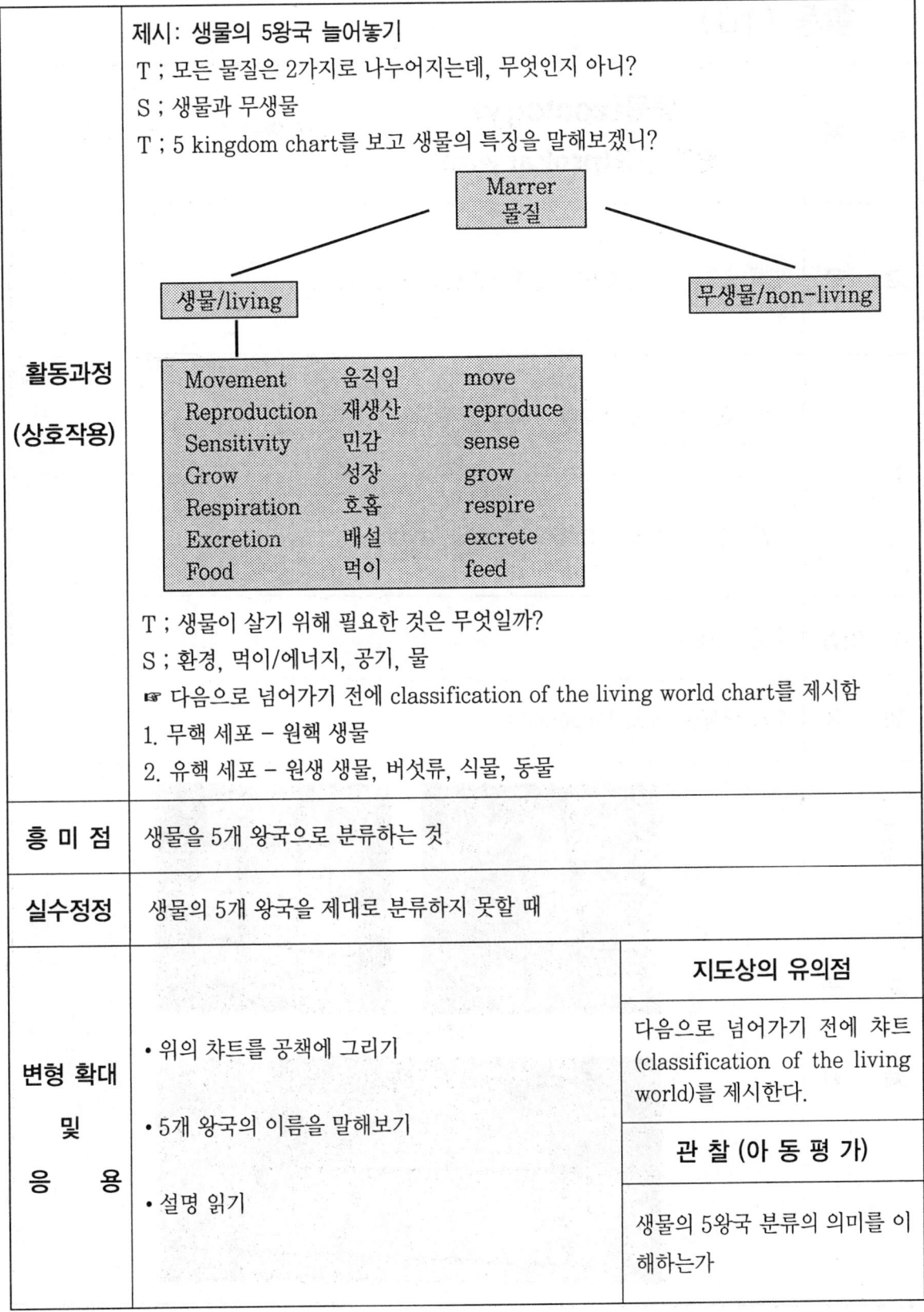 T ; 생물이 살기 위해 필요한 것은 무엇일까? S ; 환경, 먹이/에너지, 공기, 물 ☞ 다음으로 넘어가기 전에 classification of the living world chart를 제시함 1. 무핵 세포 - 원핵 생물 2. 유핵 세포 - 원생 생물, 버섯류, 식물, 동물
흥 미 점	생물을 5개 왕국으로 분류하는 것
실수정정	생물의 5개 왕국을 제대로 분류하지 못할 때

변형 확대 **및** **응 용**	• 위의 챠트를 공책에 그리기 • 5개 왕국의 이름을 말해보기 • 설명 읽기	**지도상의 유의점**
		다음으로 넘어가기 전에 챠트 (classification of the living world)를 제시한다.
		관 찰 (아 동 평 가)
		생물의 5왕국 분류의 의미를 이해하는가

활동 (10)

주 제	동물(zoology) 원핵 생물(prokaryote)		대상연령	9~12세
교 구	원핵 생물 챠트, 정정카드, 공백 챠트(blank chart)			
목 적	직 접	원핵 생물의 군을 알 수 있다		
	간 접	핵에 대한 이해와 관심을 높인다.		
선행학습	동물의 5왕국			
언 어	원핵 생물(monera kingdom)			
교 구 제 시	원핵생물의 문			

활동과정 (상호작용)	제시 1) 정정 카드를 보면서 blank chart에 그림카드 짝짓기 – 학명이 길고 어려우므로 끊어 읽는 연습과 어원을 제시함으로써 필요한 언어를 지도 | PROKARYTE									
---	---	---	---	---	---	---	---	---	---
문						그	림		
						명	칭		

						정	의			
										
										• 정의 카드를 읽으면서 짝짓기
										• 짝짓기 활동(읽어본 후 공책에 쓰게 한다.)
										• 그 중에 하나를 선택하여 연구한다. (문의 종류 중)
										• 원핵 생물 이야기 카드
										  – who am I ? card 만들기
										  – 덜 과학적이더라도 재미있으면 된다.
										  – 이것을 3부분 카드로도 활용한다.
										
										제시 2) 원핵생물에 대한 소책자를 제시한다.(교사용을 미리 보여준다)
										• 원핵 생물에 대한 이야기를 꾸며 소책자를 만든다.

흥 미 점	원핵 생물에 대한 정보
실수정정	원핵 생물과 원생 생물을 구별하지 못할 때

변형 확대 및 응 용	• 그림 카드와 명칭 카드를 섞은 후 그림 카드부터 나열한 후 명칭 카드 짝짓기 – 정정카드로 답 확인하기 • 정의카드를 조각 문장으로 나누어 조립하기	**지도상의 유의점**
		그림 명칭 정의 카드를 맞게 짝 지운다.
		관 찰 (아 동 평 가)
		원핵 생물계에 여러개의 문이 있다는 것과 각 문에는 서로 다른 특징이 있다는 것을 알면 된다.

활동 (11)

주 제	동물 분류의 체계 (자연적인 분류)	대상연령	9~12세
교 구	분류 체계(카드), 언어카드(계,문,강,목,과,속,종)		
목 적	직 접	분류의 역사를 이해한다.	
	간 접	자연적인 동물 분류를 이해한다.	
선행학습	① 계 ② 문 ③ 강 ④ 목 ⑤ 과 ⑥ 속 ⑦ 종		
언 어	계(kingdom) 문(phylum) 강(class) 목(order) 과(family) 속(genus) 종(species)		
교 구 제 시			

자연적 분류

활동과정 (상호작용)	아동은 각 동물계의 제시를 여러 번 지도받은 후에 여러 가지 방법으로 분류한다는 것을 알게 된다. **제시 1) 분류의 역사, 분류체계표 제시** 그리스의 아리스토텔레스(Aristoteles)는 살아있는 생물에 질서를 부여해 주고 싶어했다. 그래서 아리스토텔레스(Aristoteles)가 분류 체계를 만들었으며, 그 방법이 17C까지 사용되었다. 18C 후반에 스웨덴의 Carolus Limnaeus(1707~1778)가 새로운 분류 체계를 만들어 지금까지 사용하고 있다. Carolus가 Aristoteles의 분류 체계를 완전히 무시한 것이 아니라 그 위에 새로운 체계를 덧붙였다. 18C 후반은 새로운 발견이 자유로운 시대였으며, 좋은 현미경이 발달되면서 세포를 자세히 관찰할 수 있었다. 1901년 동물학 국제학회에서 동물의 학명에 대해 분류, 이름을 정하는데, 그 단체들이 권한을 행사하는 단체를 만들었다.(International community of Zoology Nomenclature) • 린네의 학명 (분류)-자연적인 분류 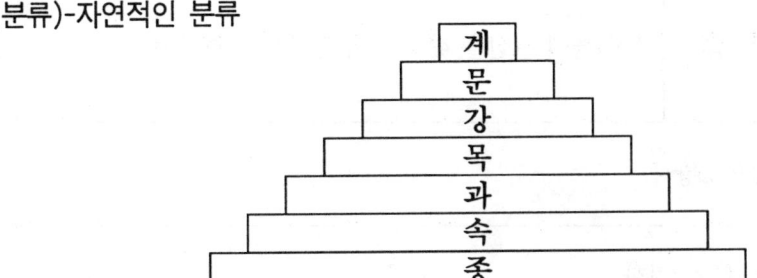 일반적인 것에서 시작하여 세부적인 특징적인 것으로 분류한다. 라틴어 학명에서 속과 종이 같이 나오기 때문에 붙여 놨다.
흥 미 점	동물의 분류의 역사
실수정정	분류 체계를 인지하지 못할 때

변형 확대 및 응 용	분류 ├자연적인 분류(계, 문, 강, 목, 과, 속, 종) └인위적인 분류 에 기준을 세우고 필요한 그림과 설명 카드를 제작하여 분류활동을 반복한다.	**지도상의 유의점**
		백과 사전에서 나름대로 정보를 찾아내도록 한다.
		관 찰 (아 동 평 가)
		동물 그림으로 2가지 분류 기준에 따라 분류할 수 있는가?

활동 (12)

주 제	문화 영역에서의 쓰기 활동	대상연령	9~12세
교 구	동식물 진화 과정의 그림 문화와 관련된 도서		
목 적	직 접	문화 영역에서 쓰기 활동 영역 능력을 기른다.	
	간 접	동식물에 관심을 갖고 진화 단계를 이해한다.	
선행학습	생물의 5왕국		
언 어	쓰기 활동, 진화		
교 구 제 시	* 몬테소리 학교에서는 읽기와 쓰기가 문화 영역에서 많이 이루어진다 초보적 단계에서는 읽기를 위한 책을 제시한다. 이때는 문화 영역에서 다루는 주제를 읽거나 쓰게 한다.(정보를 얻기 위한 읽기와 쓰기여야 한다.) 문화 영역에서 생명의 시작부터 아이의 삶까지 이어서 가르치게 되는데 아동이 공부하기 시작하는 지점부터 쓰기 지도를 한다. 예) · 지리 영역은 큰 것에서 작은 것으로 이루어진다.(우주→생성→대륙→나라) · 동물학 식물학은 진화의 시점에서부터 무핵인 원핵생물에서 좀 더 진화형태로 제시하여 인간에 이르기까지 한다. 구체물로 명칭(단어)제시하고 인간에까지 이르게 한다. 구체물 → 명칭 제시 → 문장 제시 → 절 제시 → 질문 연구(research question)을 통해 보고 글을 작성한다.		

교 구 제 시	제시 1) 동식물학, 문화 영역의 이해를 돕는 그림 제시
	① key lesson을 먼저 제시한다. 상상력을 자극하고 강한 인상을 남게 해주는 챠트(chart)를 사용하여 제시한다.
	   교사는
	  (1) 정보는 일반적인 것부터 제시한다.
	  (2) 짜여진 질문 같은 것을 주고, 좀 더 구체적인 것을 연구(research) 할 수 있는 기회를 준다.
	  (3) 교사가 만든 그 연구를 위한 질문(research question)이 없어도 연구(research)할 수 있도록 해야 한다.
	  (4) 아동이 정확한 조사를 할 수 있도록 한다.
	  (5) 실험이 동반된다면 과학적인 실험이 되도록 해야 한다.
	  (6) 자신의 작업에 책임질 수 있는 보고서를 만들게 한다.
	  (7) 아동이 key lesson을 받은 후, 작업을 스스로 선택할 수 있는 기회를 교사가 열어야 한다.
	② 강한 인상을 주기 위한 연극, 실험, 실험에 대한 복습 등을 거친다.
	③ 오류 정정 카드을 먼저 사용해서 안내자(guide)가 되어 빈 챠트를 메꿔놓기 작업에 도움을 준다.
	④ 활동을 자신의 공책에 쓴다.
	
	제시 2) 일상 생활 영역의 이해를 돕는 그림 제시
	① 동식물 보호를 직접 접촉할 수 있는 기회를 준다.
	② 동식물 보호 과정을 통해 그들의 욕구를 배우게 된다.
	③ 식물도 여러 종류를 갖다 놓고. 종류별로 욕구도 다르다는 것을 알게 한다
	   (예) 선인장 - 사막 (물이 필요 없다)
	④ 실제로 정원을 만든다.
	⑤ 여러 종류의 식물을 심는다.
	⑥ 인간과의 관계에 어떠한 이익을 주는지 직접 배운다.

활동과정
(상호작용)
	* 문화 영역의 전체적인 목적은
	1. 연구(research)하는 방법을 배우는 것
	2. 기록하는 방법을 익히는 것
	3. 이 세상에 대해 좀 더 알게 되면서 배움에 대한 즐거움을 갖게 하는 것이다.
	4. 배우는 기술(방법)도 배우게 된다.
	  - 기본적인 학습은 보거나 듣고 읽는 것이다.
	  - 연구(research)를 통해 배움이 일어나고 의문점을 조사하면서 스스로 결론을 내리기도 한다.
	  - 또한, 자신이 발견했던 것에 대해 자신의 생각을 기록한다.
	5. 아동은 사고함으로써 추상화된다.

활동과정 (상호작용)	- 정보 사실을 아는 것도 중요하나 히드라가 어떻게 움직이는가에 대한 과정을 아는 것이 더 중요하다. - 결과(사실)보다는 사실에 도착하기까지 어떻게 알게 되었는가? 발견했는가? 조직했는가? 결론을 냈는가? 어떤 유형의 보고서를 만들어 내는가가 중요하다. (예) 수학 - 구구단을 외우는 것도 중요하지만 곱셈의 이치와 구구단을 이용해서 곱셈을 푸는가가 중요하다. 문화영역이나 동식물 영역도 마찬가지다. 동물학을 예로 든다면, ① 명칭 학습→명칭 쓰기→부분명칭 쓰기→문장을 준다.(관찰한 것을 쓰게 한다.) 　(예) 감각을 자극한다 ; 네가 보는 것이 무엇이니? 냄새는 어떠니? 만질 때 느낌은 어떻지? ②who am l card?가 반드시 과학적 정보나 사실일 필요에 급급하지 않는다. ③ 교사가 만든 research card를 주고 아동이 1~2문장으로 쓴다. ④ key lesson을 받은 후 기록한다. ⑤ 학명을 공부할 때 1가지를 선택하여 조사한 후 한 문장으로 길게 이어서 쓸 수도 있다. ⑥ 퀴즈를 만들어 본다. ⑦ 아동 자신이 가상의 왕국(kingdom)을 하나 더 만들어보는 것도 좋다. 　- 가상의 생물은 어떻게 움직이고 그것의 먹이사슬 관계는 어떠하며 사는 장소, 영양 섭취 등을 묻고 답해본다. (예) 연못가로 견학을 간다. 　- 5분 정도 눈을 감고 있다가 눈을 뜨게 한 후 주위에서 보고 듣고 느낀 것을 쓴다. 　- 입구가 큰 유리병을 갖고 가 연못물에 세워 바닥을 보면 확대경 역할을 하게 된다. 연못의 물을 떠온다. 　- 현미경으로 물을 관찰하고 기록한다. 밖으로 나가 1인당 가로 세로의 길이가 30cm 되게 파서 그곳의 동식물을 관찰하고 본 것에 대한 연구(research)를 기록한다.
흥 미 점	동물이 진화되어 온 상태를 아는 것
실수정정	얻어낸 정보를 요약하여 기록하지 못할 때

변형 확대 및 응 용	자연 연상 게임 (Nature Association game) (예) 개(충성스러운 개) 올빼미(지혜로운 올빼미)	**지도상의 유의점**
		문화영역 지도에서 초보적인 단계에 관련된 도서를 제시한다.
		관 찰 (아 동 평 가)
		동물에 대한 도서를 즐겨 읽고 많은 정보를 찾아낼 수 있는가?

활동 (13)

주 제	**동물의 분류** (인위적 분류 (Artificial Classification))	대상연령	9~12세
교 구	단어 카드, 명칭 카드		
목 적	직 접	동물을 인위적 목적으로 분류할 수 있음을 안다.	
	간 접	동물을 나름대로의 분류 기준을 정하고 다양하게 분류할 수 있다.	
선행학습	동물의 자연적인 분류		
언 어	자연적인 분류, 인위적인 분류		
교 구 제 시	인위적 분류		

활동과정 (상호작용)	1. 어미 - 새끼로 분류 　　　　|animal|　　　　　　　　　|young| 　　　　cow　　　　－　　　calf 　　　　lion　　　　－　　　cub 　　　　rabbit　　　－　　　bunny 　　　　cat　　　　－　　　kitten 　　　　dog　　　　－　　　pup 　　　　pig　　　　－　　　piglet 　　　　elephant　 －　　　calf 　　　　kangaroo　 －　　　joey 　　　　tiger　　　 －　　　whelp 2. 남성 - 여성 - 중성으로 분류 　　|animal|　　　|male|　　　|famale|　　　|young| 　　bear　　　－　　he - bear　　she - bear　－　cub 　　cat　　　 －　　tom　　　　　queen　　　 －　kitten 　　fox　　　 －　　dog　　　　　vixen　　　　－　cub 　　swan　　 －　　cob　　　　　pen　　　　 －　cygnet 　　chicken　－　　rooster　　　 hen　　　　 －　chick 　　horse　　－　　stallion　　　 mare　　　　－　foal 　　조민　　 －　　bull　　　　　cow　　　　 －　calf 　　dog, wolf －　　dog 3. 동물의 무리로 분류 　　　　|animal|　　　　　　　　　|young| 　　　　a hive of　　－　　　bees 　　　　a gaggle　　 －　　　geese 　　　　a school　　 －　　　fish 　　　　a flock　　　 －　　　sheep 4. 동물의 울음소리로 분류
흥 미 점	분류 기준을 두고 다양하게 분류할 수 있을 때
실수정정	분류 기준이 제대로 되지 않을 때

변형 확대 및 응용	더욱 다양한 분류 기준을 세우고 다양한 분류 작업을 한다. 분류기준을 세운 배경을 설명하거나 글로 정리한다.	**지도상의 유의점**
		분류 기준 세우기에 대한 구체적인 지도가 필요하다.
		관 찰 (아 동 평 가)
		분류 기준에 따라 동물을 분류할 수 있는가?

활동 (14)

주 제	동물 분류 게임 (Animal Classification Game)	대상연령	9~12세
교 구	나는 누구일까요? 카드, 답이 적힌 카드, 암기 카드, 동물사진 그림, 이야기 카드		
목 적	**직 접** 동물 분류 게임으로 동물 분류를 인식한다.		
	간 접 동물을 파악하는 시각을 높인다.		
선행학습	동물의 분류(인위적, 자연적)		
언 어	나는 누구일까요? 여러 가지 동물 이름		

교구 제시

동물선택

- 동물을 하나 선택(저학년에 많이 사용)

질문카드	예시 카드	정답	그림

동물 103

활동과정
(상호작용)
	제시 1)
	• 한 가지의 동물을 선택하여 학습한다.
	  1) 그들은 어디에 삽니까? (땅위, 땅속, 물속, 공중)
	  2) 어느 기후대에 삽니까?
	  2) 무엇을 먹습니까? (식물(초식성), 동물(육식성), 잡식성)
	  3) 어떻게 이동하는가? (걷기, 날아다니기, 기어다니기, 헤엄쳐다니기, 기타)
	  4) 어떻게 번식하는가? (무성, 생식, 난식, 태생, 기타 등)
	  5) 어떤 생물 군계에서 사는가? (계, 문, 강, 목, 과, 속, 종)
	  6) 그들의 자손은 돌보는가? (돌보기, 젖주기, 먹이주기)
	  7) 인간에게 유용한 동물인가? (도움이 된다, 해롭다, 이해가 없다.)
	  8) 그림 카드 옆의 어휘카드를 이용하여 문장을 쓴다.
	    이 때, 아동이 알고 있는 사실을 덧붙여도 된다.
	
	제시 2)
	• 한 가지 질문을 선택하기
	  1) 동물의 이동수단- 어떻게 이동하는가?
	    - 완벽한 답이 아니어도 되나, 전혀 다른 곳에 카드를 놓았을 경우에는 교사와 아동이 다시 확인하는 방법을 취한다.
	• 기능에 관한 질문과 학습활동
	
	| 어떻게 이동하는가?
		걸어서	날아서	기어서	헤엄	다른 수단으로

---	---	---	---	---	---
	거북이	새	달팽이	물고기	개구리
	말		지렁이	플라나리아	말미잘
			불가사리		해면 떠다닌다	
흥 미 점	사는 곳, 인관과의 관계, 먹이, 움직임, 번식, 새끼
실수정정	분류의 목적이 애매할 때

변형 확대
및
응 용
	• 각 동물의 주요 기능은 5~6학년 단계에서 많이 사용한다. 만약 답을 잘 모를 경우 다시 조사 연구한다.
	  - 감지하는 고등기관이 있다.
	• 개구리는 영양분을 어떻게 섭취하는가?
	  (먹이에 독을 뿜는다. 끈적한 침으로 먹이를 둘러싸서 잡는다. 뒷다리로 먹이를 집는다.
		지도상의 유의점
		동물 중 친근감이 있는 동물이나 지역별로 한 가지씩 선택하여 학습한다.

		관 찰 (아 동 평 가) 정해진 기준에 따라 동물을 분류할 수 있는가?

활동 (15)

주 제	척추동물의 주요 특성 (main characteristics of the vertebrates)	대상연령	9~12세

교 구	척추동물의 주요 특성에 대한 명명카드, 이름이 적혀 있지 않은 그림과 정의가 있는 벽챠트(wall chart), 동물(실물 또는 그림카드)

목 적	직 접	척추 동물의 특성을 이해한다.
	간 접	척추 동물의 친화 과정에 관심을 갖는다.

선행학습	동물의 분류

언 어	척추 동물, 특성

교 구 제 시	주요특성 • 제시) 포유류 중에서 하나를 선택 　새　｜　피부　｜　번식　｜　뼈대　｜　호흡　｜　순환 　조류의 오류 정정 카드 　　　　　그　림 　　　　　명　칭 　　　　　정　의

활동과정
(상호작용)
	◎ 제시
	1. 포유류 중에서 하나를 선택한다.
	 ① T: 어떤 종류의 동물을 좋아합니까? S: 새
	  T: 새의 특징에 대해 공부해 보자.
	   (오류 정정카드로 시작하여 아동에게 자신감을 주도록 한다.)
	  T: 새는 어떻게 이동합니까? S: 날개나 다리
	   (새의 내부 기관을 가져와 오류 정정 카드에 짝짓기한다.)
	   (교사는 오류 정정 카드 위쪽에 명칭을 써 놓는다.)
	  T: 새의 몸은 무엇으로 덮여 있습니까? S: 깃털
	  T: 새는 어떻게 번식합니까? S: 알
	  T: 뼈가 있습니까? S: 많은 뼈로 되어 있다.
	  T: 새들은 잘 날 수 있도록 속이 비어 있어요. S: 새의 호흡은?
	  T: 폐호흡
	  T: 새의 피의 순환은? S: 3개의 방(chamber) - 2심방 1심실이라고 하지 않음
	② 그림카드를 다 놓은 후, 명칭카드를 놓는다.
	③ 정의카드 전부 주고 읽게 한 후, 짝짓기를 한다.
	④ 오류 정정 카드를 치우고 그림+명칭+정의 카드를 짝짓기 한다.
	⑤ 정정 카드로 답이 맞았는지 확인한다.
	⑥ 척추/무척추 동물에서도 같은 방법으로 이루어진다.
	2. 기능을 하나 선택한다.
	
	|
		순환	|
			|---|---|---|
			| 어류 | 그림카드 | 정의카드 |
			| 양서류 | | |
			| 파충류 | | |
			| 조류 | | |
			| 포유류 | | |
			
			T: (어류부터 포유류까지 그림 카드 나열) 순환계가 어떻게 변했니?
			S: 점점 복잡해졌다.
			T: 어류는 굉장히 간단하다.(1개의 방), 조류는 3개의 방, 포유류는 4개의 방이 있다.

흥미점	척추 동물눈의 움직임의 특성
실수정정	척추동물의 구분과 특성을 이해하지 못할 때
변형 확대 및 응 용	・벽챠트의 비교(주요특성) 척추・무척추 동물 ・척추동물 몇 가지를 선택하고 내부기관 챠트를 만들기

지도상의 유의점
척추, 무척추동물을 반드시 비교시킨다.

관 찰 (아 동 평 가)
척추동물의 특성을 이해하는가?

활동 (16)

주 제	무척추 동물의 주요기능 (vital function)	대상연령	9~12세
교 구	강장 동물 그림, 강장동물 중에서 「히드라」를 선택		
목 적	직 접	여러 가지 동물의 주요 기능을 익힌다.	
	간 접	강장 동물에 관심을 가진다.	
선행학습	척추 동물의 벽챠트 놀이		
언 어	강장 동물, 주요 기능, 내부 기능		
교구 제시	동물의 주요 기능		

활동과정 (상호작용)	제시 1) 히드라 제시 - 강장동물 중에서 '히드라'를 선택하여 연구해 봅시다. · 영양섭취(Nutition) - 소화 흡수 기관, 입은 위장에 이어지며 찌꺼기는 입으로 다시 배출 항문이 없다. · 호흡(Respiration) - 가로로 자름, 온 몸의 부분으로 물에 있는 산소를 빨아들임 빨아들인 산소는 소화 기관까지 흡수된다. · 순환(Circulation) - 피가 없다, 무기물과 물이 순환한다. 특정한 순환 기관이 없다. 음식물이 들어와서 소화되고 배출되는 것이 전부이다. · 뼈/운동(Bones/Movement) - 뼈대는 없고 근육 조직이 발달되기 시작하는 단계 산호처럼 내외부가 석회질로 단단히 이루어졌다. · 감각(Sensibility) - 신경세포를 갖고 있는 최초의 생물 신경세포 조직이 2개의 막 사이에 들어 있다. · 번식(Reproduction) - 대부분의 히드라는 2가지 번식 방법이 있다. ① 식물의 싹처럼 히드라의 몸에 싹이 생겨 그것이 떨어져나가 새로운 히드라가 된다. ② 어느 시기에 정자와 난자를 동시에 배출하고, 그것이 만나 유성생식을 잘 한다. 접합자라는 것으로 발전이 되었다가 히드라가 된다.
흥 미 점	척추동물의 생김새와 무척추동물의 생김새
실수정정	강장 동물이란 용어를 기억하지 못할 때

변형 확대 및 응 용	· 연구 · 학습지(research paper) 그 림 문 _____ 종류 _____ 기능(특징) _____ 사는장소 _____ 먹이 _____ 천적 _____ 자기 보호능력 _____ 이로운가/해로운가(어떻게, 어떤면에서) _____ 새로운 정보 _____ · 나는 누구일까요? 게임하기 · 감각→ 후각, 촉각, 신경조직 알아보기	**지도상의 유의점** 강장동물의 '히드라'의 특성을 인지시킨다. **관 찰 (아 동 평 가)** 연구페이퍼에 제대로 설명을 할 수 있는가?

활동 (17)

주 제	동물 무척추 동물의 문 (phylum)		대상연령	9~12세
교 구	블랙챠트(Black chart)			
목 적	직 접	무척추 동물의 문을 이해한다.		
	간 접	척추 · 무척추 동물의 문을 이해한다.		
선행학습	척추 동물의 문			
언 어	문, 종류, 기능, 장소, 먹이, 천적, 이로움			
교 구 제 시	무척추 동물의 문			

활동과정 (상호작용)	• 무척추동물의 주요기능을 공부한 후에는 ① 질문을 해 본다. ② 감각 - 시각(후각, 촉각, 신경조직)이 잘 발달되었는가? 　　　　뇌에 외부의 자극을 감지할 수 있는 기관이 있는가? ③ 연구용지 (research paper) • 동물의 5왕국(The Animal Kingdom Chart) 중에서 무척추 동물의 문(phylum)에 대해 분류 - 한 학기에 걸쳐 실시한다. - 각 문에 해당되는 동물 조사 |	각 문 의		정 의	
---	---	---	---	---
		명 칭		
		그 림			 • 교사는 아동의 작업을 포트폴리오로 만든다. - 평가의 의미보다는 개인의 발달을 알 수 있는 것으로 이해되어야 한다. - 고학년은 왜 이것을 포트폴리오로 만들면 좋은가에 대해 써 본다. - 불가피한 사정으로 포트폴리오를 만들지 못했다 하더라도 평상시의 작문을 통해 아동에 대해 잘 알 수 있다.
흥 미 점	자료를 포트폴리오(Portfolio)로 만들었을 때
실수정정	무척추 동물의 문을 이해하지 못할 때

변형 확대 및 응 용	Tree of Life의 세 번째 챠트의 계 문 그림 그리기	지도상의 유의점
		본 내용은 1학기 동안 서서히 학습할 양이다.
		관 찰 (아 동 평 가)
		공책에 사진이나 그림을 그리고 정의를 쓸 수 있는가?

활동 (18)

주 제	생명의 나무 (Tree of Life)	대상연령	9~12세
교 구	생명의 나무(Tree of Life) 및 생명의 나무의 공백챠트(blank chart)		
목 적	직 접	생명의 분류인 계의 그림을 보고 생물의 분류를 이해한다.	
	간 접	생물의 5계 분류를 이해한다.	
선행학습	동물과 식물의 분류		
언 어	생명, 동물, 원핵·원상 동물, 식물		
교 구 제 시			

활동과정
(상호작용)
	◎ 제시
	1. ① Tree of Life의 세 번째 챠트(계 + 문 + 그림)
	    • 원핵 생물계 – 단세포로 이루어진 생물
	                   핵이 없다.
	                   prokaryote 또는 monera 라고 한다.
	                   단순한 것부터 복잡한 것으로 이루어졌다.(시계 방향 순서)
	    • 원생 동물계
	    • 균류
	    • 식물계
	    • 동물계
	② 두 번째 챠트 (계 + 문)
	③ 세 번째 챠트 (계)
	
	2. 동물계 하나에만 초점을 맞춘다.
	   – 계, 문, 강, ,목에 따라 대지 색을 달리 한다.
	   – 작업 판의 원의 수와 카드의 수로 오류 정정할 수 있다.
	   – 각 카드 뒤에는 다음과 같은 내용이 적혀 있다.
	     : phylum, subphylum, class, 특징	

흥 미 점	생명의 5계의 그림을 작업판에 정확히 분류해서 놓았을 때	
실수정정	5계를 제대로 분류하기 어려울 때	
변형 확대 및 응 용	• 각 계의 그림을 제시한 후 두 번째 챠트에 짝짓기 • 큰 종이에 나무 그림을 그린 후 각계의 문 그림 그리기	**지도상의 유의점** 동물계 하나에만 초점을 맞춘다. **관 찰 (아 동 평 가)** 생명의 나무의 블랙챠트의 계의 분류를 이해한다.

활동 (19)

주 제	**보존된 동물의 해부** (Dissection of Preserved Animals)	대상연령	9~12세
교 구	보존된 표본(지렁이 같은 땅 속의 벌레, 불가사리, 메뚜기, 조개, 어류, 양서류, 작은 포유류가 초등과정에서 작업하기에 좋다)			
목 적	직 접	동물 보존의 의미를 이해한다.		
	간 접	동물의 소중함을 알고 생명에 대한 존경심을 갖는다.		
선행학습	생명의 나무			
언 어	해부, 보존, 동물			
교 구 제 시				

활동과정 (상호작용)	◎ 제시 - 아동의 수준과 능력에 따라 해부를 할 것인가를 결정한다. - 몬테소리 교육과정에서도 6학년에서나 해부를 한다. (예) 지렁이 - 해부용 표본을 사서 해부를 해본다. - 해부시 안전(필요한 장비 갖추기)에 대한 이야기를 한다. - '왜 해부를 하는가?'에 대한 윤리적인 부분, 정당한 목적을 먼저 이야기한다. - 아동이 싫다면 교사는 그것을 받아들여야 한다. - 실험과정이 학습에 좋은 경험을 갖도록 유도한다. - 실험과정을 도표로 그려보게 한다. → 살아있는 생물에 대한 존경심을 갖도록 한다.
흥미점	보존된 동물의 표본을 보는 것
실수정정	동물 표본의 가치를 이해하지 못할 때

변형 확대 및 응용	동물을 그리고 분류 책자를 만든다. 한가지 동물(어류나 양서류 등)을 선택하여 해부학 내용으로 소책자를 만든다.	**지도상의 유의점** 동물 보존에 우리가 할 일을 인식한다. **관찰 (아동평가)** 해부의 목적을 이해하는가?

활동 (20)

주 제	위대한 강 (The great river)		대상연령	9~12세
교 구	위대한 강 챠트, 인체모형 동물분류카드			
목 적	직 접	신체의 각 부분이 하는 일을 안다.		
	간 접	신체의 세포 도식 기관의 중요성을 안다.		
선행학습	생명의 나무, 표유동물, 척추동물			
언 어	위대한 강, 각부분, 세포, 조직, 기관, 체계			
교 구 제 시	위대한 강			

활동과정 (상호작용)	제시 1) 위대한 강 이야기(The Great River Story) - 인간의 신체 기관을 소개하는 이야기 옛날에 아주 커다란 나라가 있었다. 이곳에는 눈에 보이지 않는 강이 흐르고 있었다. 각 지역에는 중요한 부분이 있었다. 그러나 이 나라에서 가장 중요한 부분은 강이었다. 이 강은 너무나 커서 작은 강들로 뻗어나갔다. 나라를 먹여 살릴 뿐만 아니라 모든 가능한 생명체를 만들어 주었다. 이 나라의 정부 형태는 변하지 않았다. 이 나라는 수천년 동안 평화롭고 조화롭게 살았다. 그 곳의 주민도 싸우지 않고 평화롭게 살았다. 그들은 보수를 받지 않아도 계속해서 일을 했다. 그들은 살기 위해 일을 했고(2번 반복해서 읽는다), 일하기 위해서 살았다. 그들의 일은 삶을 위해서 필요했고, 삶을 위해서 조화롭게 이루어졌고, 삶을 위한 목적이었다. 만약 그 나라가 멸망한다면 모든 주민은 죽는다. 만약 한 명의 주민이 죽는다면 강이 시체를 치워버리지만, 국가가 죽는다면 모든 주민은 죽을 것이다.(국가의 중요성 설명) 강의 의사소통의 중요한 수단이 되기도 한다. 위대한 강은 영양분을 섭취하기도 하고, 배설물을 제거하기도 하면서 나라를 건강하게 만들어 준다. 이처럼 모든 것은 조화를 이룬다. 그곳은 어디일까요? 그 곳에 살고 있는 사람은 누구일까요? 조화롭게 만드는 것은 무엇이며, 누가 통제할까요? 강은 위대한 성곽과 같다. 곧 대통령이 사는 정부이다. 이곳에서 모든 명령들이 다른 기관에 전달된다. 성곽은 다른 감각 기관을 통해 감각을 받아들이기도 한다. 어떤 감각은 받아들이자마자 즉각적으로 명령을 전하기도 한다. 이것을 전달하는 것은 너무 작아 볼 수가 없다. 이것은 세포라 하며, 혼자 일하기도 하고, 결합해서 조직이 되기도 한다. 어떤 조직은 결합해서 기관이 되기도 한다. 이러한 기관들이 조화롭게 일하는 것을 체계라 한다. 강은 세포, 조직, 기관과 함께 일하는 체계이기도 하다. 이것이 우리 인간의 인체이다.
흥미점	우리 몸의 기관의 위대함을 느낄 때
실수정정	우리 몸속의 세포들의 일을 인식하지 못할 때

변형 확대 및 응용	• 우리 몸의 각부분에 대한 연구를 하고 소책자를 만든다. - 내부기관, 외부기관 등	**지도상의 유의점** 인체 중 중요한 부분의 세부분 카드를 만들어 제시한다. **관 찰 (아 동 평 가)** 인체의 신비로움을 인지하고 존경하는가?

활동 (21)

주 제	사랑의 균형법칙		대상연령	9~12세
교 구	사랑의 균형법칙 설명 문구			
목 적	직 접	세포의 공존 공생에 관심을 갖고, 가장 과학적인 위대한 역할을 함을 이해한다.		
	간 접	사회 생활에서의 공존 공생의 중요성을 인지한다.		
선행학습	위대한 강			
언 어	사랑의 균형 법칙			
교 구 제 시				

동물 117

활동과정 **(상호작용)**	제시 1) 사랑의 균형법칙 (이야기 듣기) 그림제시 하고 설명한다. 각 세포는 마치 한 방울의 물과 같다. 그렇지만 세포는 바위에서부터 나무와 사람에 모두 존재하고 모든 것을 만들 수 있는 가능성을 자신 안에 가지고 있다. 간단한 조류에서부터 복잡한 인간의 두뇌까지 만들 수 있다. 이 세포는 전 우주의 본질이다. 이것은 대단한 감각을 가지고 있다. 그것은 어떤 환경이라도 탐험하고 그것에 생명을 가져올 수 있다. 그것은 대단하고, 중대한 민감성을 포함하고 있다. 그것을 멈출 수 있는 어려움은 없다. 그것은 어떤 환경이라도 탐색하고 그것에 삶을 가져오게 한다. 그것은 자신이 정복한 것을 방어하는 모든 수단을 그 안에 가지고 있다. 그 목표에 도달하기 위하여 그것은 자기 중심적인 성향과 사랑의 힘을 사용한다. 자기 중심적인 성향은 종의 발달을 최고로 이루게 한다. 사랑은 종을 보호하도록 만든다. 이와 같은 일은 남을 돕는 것에 의해 순수한 자기 본위의 극단에 이르는 것과 같다. 각자는 그것을 알지 못하고 다른 사람의 유익을 위하여 일한다. 어떤 사람도 혼자서는 살 수 없다. 혼자 살 수 있다고 생각하는 사람은 결국 망하게 된다. 이것은 우리가 공부하는 위대한 국가에 있는 정부의 법일 뿐이라, 우주의 법칙이다. 사람 아래에 있는 모든 존재 뿐 아니라 인간 신체의 세포도 이 위대한 우주적인 과제에 복종하여야 한다. 또한 인류는 이 우주적인 계획에 속해 있다. 인류는 또한 특별한 지능을 가지고 있다. 어떤 사람은 우주적인 법칙에 대하여 반발한다. 그러나 소용이 없다. 모든 존재가 다른 존재에 의존하고 있다. 그들을 소외시킬 수 있는 방법은 없다. 곧 또는 나중에 소멸되도록 예정되지 않은 힘은 없다. 이것이 기쁨, 고통, 희생을 만드는 삶이다. 이것이 우리의 공부를 통하여 배워야만 하는 사람의 균형법칙이다.
흥 미 점	세포의 협력과 공존 공생
실수정정	내 몸의 중요성을 모를 때

변형 확대 **및** **응 용**	내 몸의 세포가 되어 드라마 꾸미기 (글로 써서 연극하기)	**지도상의 유의점**
		사랑의 힘에 대해 인식시킨다.
		관 찰 (아 동 평 가)
		인체와 사회생활에서 사랑의 힘의 의미로 이해하는가?

활동 (22)

주 제	**신체의 각 부분**		대상연령	9~12세
교 구	동물세포, 인체모형, 인체내부모형 근육, 골격(뼈), 신체의 주요부분 명칭카드, 신경			
목 적	직 접	인체의 각부분의 생김새와 역할을 이해한다.		
	간 접	신체의 정밀한 조직체임을 이해하고 몸을 보호할 수 있다.		
선행학습	위대한 강, 사랑의 균형 법칙			
언 어	인체모형, 근육, 골격(뼈), 신경, 신체의 주요 부분의 명칭			
교 구 제 시				

동물 119

활동과정
(상호작용)
	• 모든 동물은 외부기관과 내부기관이 있음을 이야기한다.
	• 인체도 역시 내·외부기관으로 구성되어 있음을 이야기한다.
	• 인체의 내부기관에 대해서 공부해온 연구(research)학습으로 이끈다.
	  - 인체 그리고 내부기관을 그려서 늘어놓는다.
	  - 감각기관에 대해서 조사 기록한다.
	  - 정화 기관(폐)에 대해서 조사 기록한다.
	  - 영양 섭취기관(간)에 대해서 조사 기록한다.
	  - 청정 기관(배설기관, 땀구멍)에 대해서 조사 기록한다.
	  - 방어 기관(백혈구)에 대해서 조사 기록한다.
	  - 생성 기관(생식기)에 대해서 조사 기록한다.
	
	• 인체 지탱 기관에 대해서 조사한다.
	  - 척추의 역할에 대해서 조사하여 요약한다.
	  - 뼈의 역할에 대해서 조사하여 요약한다.
	  - 근육의 역할에 대해서 조사하여 요약한다.

흥 미 점	인체의 신비함을 느낄 때
실수정정	인체의 내부, 외부를 구분하지 못할 때

변형 확대 및 응 용	인체 내부·외부의 각 기관을 1~2가지 선택한 후 각자 연구해서 친구들 앞에서 발표한다.	**지도상의 유의점** 인체의 중요한 내부기관과 외부기관의 역할을 연구시킨다.
		관 찰 (아 동 평 가) 인체의 소중함을 알고 중요한 내·외부 기관의 역할을 설명할 수 있는가?

<참고문헌>

- 교육부, 「제7차 초·중등학교 교육과정」, (1998).
- 교육부, 「초등학교 교육과정 해설 (Ⅰ권 ~ Ⅴ권), (1997).
- 권명자, 「몬테소리 철학」, 연수교재 (1999).
- 권명자, 「도움통신문」, (유 초등학교 연계지도 자료), 보육사, (1994).
- 김은산, 「외국의 열린교육」, 방송통신대교원연수집 (1997).
- A.M.S 몬테소리 교육수강 내용.(미국 신시에티 주 XAVIER대학)
- 민병수, 「새국어사전」, 박영사(1997).
- 서봉연, 「발달의 이론」, 서울중앙적성출판사(1985).
- 서석남, 「몬테소리 생명교육」, 동문사(1998).
- 서울잠일초등학교, 「몬테소리교육방법을 적용한 개별화 교수·학습 능력의 활성화 방안」, (2000).
- 서울초등몬테소리연구회, 「서울초등몬테소리교육 하계자율연수」, (2001).
- 서울특별시교원연수원, 「초등열린교육지도교사 일반연수(Ⅳ)」(1998).
- 서울특별시교육청, 「열린교육을 위한 학습방법의 이론과 실제」 승림문화사 (1997).
- 서울특별시교육청, 「열린교육개별화교육 연수」, (1997).
- 이정순역, 혼자할 수 있도록 도와주세요, 아이의 발견 (M.몬테소리지음)」, 청목(1996).
- 임갑빈, 「신인간관계론」, 동문사(1993.)
- 조성자, 「마리아 몬테소리의 우주교육」, 중앙적성출판사(1998).
- 하영철, 「교육학」, 형설출판사(1993).
- 한국몬테소리교육학회, 「몬테소리교육연구 제3집」, (1998).
- 송미령·한종혜, 「몬테소리 교육 (1권 ~ 12권.), 프뢰벨 사(1995).
- 서울시교육청 서울초등교육의 도약(2002).
- 변영계 수업분석의 실제 세원문화사

몬테소리 지도안 동 물

발행일 : 2003년 5월 20일
발행처 : 도서출판 **몬테소리**
발행인 : 박 해 동
편 저 : 권 명 자
전화 : 02-872-4381
fax : 02-872-4383

E-mail : nexit21@empal.com
값 9,000원

잘못된 책은 교환해 드리며 복제를 금합니다.